目次

第三章　強豪校の戦略・戦術の変化（2010〜2022年）――――

第四章　「真の勝利至上主義」がもたらすもの

図版レイアウト/MOTHER

はじめに

投げ込み、走り込みを中心とした練習設計、一人のエースの完投による投手一強型のチームビルディング、選手の個を無視した小技中心の「スモール・ベースボール」……。

これらは高校野球において強豪校の戦い方として正当化されながらも、多くの批判を受け、いつしか「勝利至上主義」というもの自体が敵視されるようになり、最近では旧来のトーナメント方式とは異なる高校野球リーグの構想まで始まっている。

しかしながら、現代の高校野球において勝利至上主義はすでにアップデートされている。データを重視した効率的なトレーニングで選手を育て、ベンチを含めた選手全員で戦い、選手個々の能力と思考を活《い》かした戦略を採用しているチームが結果を残している。そしてそれは、高校野球のみならず、プロ野球をはじめとした野球界全体の底上げにもつながっていると筆者は考える。

本書では現代高校野球の戦略とそこに至るまでの変遷、そしてそうした戦略のもと活躍した選手たちのプロでの成績を分析することによって、現代野球における「勝利至上主義」の在り方を提示する。

優勝した高校の強さはどこから来ているのか？　勝てるチームはどのように作られるのか？　勝利至上主義とはなんなのか？　など、尽きない疑問への「答え」にまではたどり着かないかもしれないが、「考えるヒント」を提供できれば幸いだ。

執筆する上で心掛けたのは、これまでにない「21世紀における高校野球の戦略・戦術バイブル」にすることだ。自分自身が多くの試合やプレーを見て、いま持っているすべての知識と感覚をつぎ込んだ。多くの野球ファンの方に楽しんで読んでもらえたら嬉《うれ》しい。今後の高校野球観戦のお供としていただきたい。

なお本文にある情報や選手の成績、所属先などは2023年4月10日現在のものであり、文中では選抜高等学校野球大会は「センバツ」、全国高等学校野球選手権大会は「夏の甲子園」と表記する。

第一章　変貌する高校野球

——データ化と制度化がもたらしたもの

高校野球におけるデータは選手の「カルテ」

『ＭＡＪＯＲ』（満田拓也作、小学館、全78巻）という１９９４年から２０１０年まで連載された野球漫画がある。主人公の茂野《しげの》吾郎《ごろう》が幼稚園児のころから始まり、リトルリーグ、中学野球、高校野球、マイナーリーグ、世界大会、メジャーリーグ、日本のプロ野球……と一人の人間の野球のキャリアと、チームメイトや友人たちとの関わりを描いた作品である。そんな『ＭＡＪＯＲ』の高校野球編（海堂《かいどう》学園高校編・聖秀《せいしゅう》学院高校編）に茂野のライバルとして登場するのが、「管理野球」を標榜《ひょうぼう》する海堂学園高校である。海堂学園高校は、継投策を用い、数多《あまた》の作戦や戦術を繰り出す常勝チームである一方、同時に勝利のために戦術に従うことを選手に強いる負の部分も描かれている。ストレートしか投げられない先発完投型の茂野と対立する価値観を持つ「悪役」として、管理野球・データ野球が登場するのである。この高校野球編が連載されたのは、1998年から2003年のこと。あくまでも漫画の話だが、そうした作品が支持されていたということからは、20年以上前に管理野球やデータ野球に対する少なくない嫌悪感があったことがうかがえる。

現在はプロ野球のさまざまなデータが普及しはじめており、その恩恵に高校野球も浴している。2022年夏の甲子園の仙台育英の優勝は、データの必要性を象徴する出来事とも捉えられる。チームを率いる須江航《すえわたる》監督が客観的な数値を重視していたことが話題になった。須江氏は、データを重視する理由についてこのようにコメントしている。

「一番は選手個々を伸ばすため。自分の長所や弱点を理解するためです」[*1]

つまり、データ収集は決して勝利のためだけではなく、あくまでも選手の教育や育成を目的としているのである。

こうしたデータは、投手なら球速やストライク率、打者なら打率、出塁率、スイングスピードなど、プレーにまつわるものはもちろんのこと、性格や学生の本分である学力まで把握している。いわば、選手の力を伸ばすための「カルテ」と考えるとしっくりくるだろう。まずは味方選手のデータを把握した上で、在籍する3年間で最大限に成長させる。これが現代のデータ野球の一歩目である。

相手チームの分析についても、ただ相手のプレーにまつわるデータを把握するだけに留《とど》まらず、味方チームのカルテを作り、そこから最善の戦術を練り上げていく。例えば相手投手を攻略するための戦術は、いまや球速、ストライク率のみならず、性格なども把握することが前提条件となっている。

高校野球における相手チームの分析は、明徳義塾の馬淵《まぶち》史郎監督が優れた方法を確立している。馬淵氏は最初に、映像を用いての分析を行う。ピッチャーもバッターも、映像を見続けることで欠点を見つけ出す。重点的に見るのは投手で、とくに見るのが配球だ。また、球種を予測するのに貴重な情報となるのが構え方にクセが出る捕手である。とくに捕手が「低めに投げろ」というジェスチャーをすると変化球が多いため、馬淵氏は自分の学校の捕手には「低め」のジェスチャーをしてからストレートを投げさせる指導をしている。

もちろん分析の精度も高い。2013年に対戦した瀬戸内の山岡泰輔《たいすけ》（現・オリックス・バファローズ）や2016年に対戦した作新学院の今井達也（現・埼玉西武ライオンズ）は100％クセがわかったという。山岡はセットにゆっくり入ったらストレート、スッと入ったら変化球。

今井はセットの手首の向きがふつうの投手と逆だったので、打席から球種の見極めがしやすいだろうと思ったそうだ。[*2]このように相手投手のクセを見逃さず、攻略の糸口を可視化していくのだ。しかし、投手のクセをわかっていても、好投手はそれを超える実力を持っており簡単には点は取れない。そのため、味方の投手と守備を鍛え、できるだけ少ない失点を計算し、分析を活かして戦える準備をするという。

また、2018年の大阪桐蔭《とういん》は「最強」と呼ばれたタレント軍団だったが、最強世代の裏方として、データのスペシャリストの貢献があったという。データは小谷優《ゆう》宇記録員と石田寿也コーチが相手のビデオ映像を見て作成した。例えば決勝で対戦した金足《かなあし》農業の吉田輝星《こうせい》(現・北海道日本ハムファイターズ)に対しても、小谷・石田コンビのデータ班が準決勝終了後に一夜漬けで分析したところ、立ち上がりの制球が不安定で、ボールが先行すると直球でストライクを取りにくる傾向があることがわかり、それを打者に伝えた。決勝では、初球にほとんど手を出さず、好球を待つことを徹底。これは、データに忠実に従ったのはもちろんのこと、準決勝まで一人で投げ抜いた吉田に対し、待球して球数を投げさせることにもなっただろう。その結果、初回、四球と安打で満塁にし吉田の暴投で先制すると、六番・石川瑞貴《みずき》がフルカウントから147㎞/hの直球を打ち返し2点タイムリーツーベースにした。監督の西谷《にしたに》浩一氏も「朝のミーティングで話していたデータ通り」[*3]とコメント。このデータ班の分析もあり、大阪桐蔭は二度目の春夏連覇を果たした。

チームビルディングにおいても、選手のカルテがどれだけ正しく取れているかがカギになってくる。高校野球の難しさは、世代によって大きくチームが変わることである。夏に大きな成果を上げたチームでも、ひとたび世代交代をすれば、その後の秋の大会ではまた新しくチームの方向性を決めなければならない。このときに選手ひとりひとりのカルテが取れていれば、チーム全体の特徴をつかむことができ、スムーズにチームビルディングができるのである。

データの普及による選手育成への恩恵とは?

では実際に、2022年の夏の甲子園で優勝した仙台育英は、どのようにデータを使っていたのだろうか。まず、情報科の教員でもある須江氏は客観的な数値を把握するべく、データ分析の専門班を作った。このデータ班は、投手担当と野手担当に分かれて相手チームの映像をチェックし、配球の傾向や打者の特徴をまとめ、チーム全体で共有する役割を任されている。

加えて、味方チームの普段の練習からもデータを集めており、その情報はスプレッドシートで全選手と指導者に共有されている。例えば、各投手の投球数や疲労度などを入力し、その数字をもとに週末の試合に投げさせるかどうかを判断している。

また、須江氏はチーム編成でもデータを重視している。野手であれば、試合に出場する目安はバットのスイング速度140㎞／h以上。打撃動作を除く一塁駆け抜けタイム3・85秒未満。年に数回行う測定会で打球速度や飛距離、送球の速さなどを測る。公平性を持たせるため、このデータは選手にも公表され、練習メニューにも反映されている。さらに、野手を「長打を狙える選手」「出塁率が高い選手」などの五つのタイプに分類している。これを基準に、計測データや練習試合の結果に基づいてメンバーを選考するのだ。これには、定量的なデータで選手やチームのいいところを伸ばしていく意図があるのだろう。個の力の底上げがあるからこそ、チームとしての底上げがあると感じられる方法だ。こうしたデータの採用によって、選手選考において不公平感がなくなり、選手に求められる役割は明確になった。[*4]

目的意識がはっきりすることによって、実戦における自分の役割を意識して練習することができる。須江氏は2018年に仙台育英の監督に就くまでは、中学軟式野球部で指揮を執っていた。データを活用して日本一に輝いているこの方法論は、少なくともアマチュア野球においては適切な指導法の一つと言えるだろう。

「しごき」マネジメントが必要ない時代

こうしたデータを用いたチームビルディングが普及したのには、効率化以外の理由もある。それは、いわゆる「しごき」のマネジメントが「ハラスメント」として非難されるようになったことと少なからず関係している。比較としてわかりやすいのは、大阪の新・旧の強豪校、大阪桐蔭とPL学園の違いだろう。PL学園は、初めて甲子園に出場した1962年以降、一七度夏の甲子園に出場し、1977年から2001年にかけては毎年プロ野球選手を輩出する名門校であった。しかし、1年生は上級生の世話係となり、絶対に命令に逆らえない「付き人」制度や、練習中のミスによる過剰な懲罰など、厳しい人間関係や練習が知られていた（PL学園野球部出身の漫画家なきぼくろ氏による作品『バトルスタディーズ』〈講談社、2015年〜〉からは、当時の様子がうかがえる）。

一方、1998年に大阪桐蔭の監督に就任し、現在でも指揮を執る西谷氏は、コーチから監督になった際に、均等に練習機会を与えることや下級生が萎縮しないようにすることを目的に、厳しい上下関係を撤廃しており、[*5] 比較的柔軟な指導方針を採っていた。その結果、2000年代以降、多くの有望な中学生が、PL学園ではなく大阪桐蔭を選ぶようになり、戦績は200

0年代中盤から逆転。大阪桐蔭は、2008年の夏の甲子園優勝以降、2014年には1983~85年のKKコンビを擁したPL学園以来29年ぶりの3年連続大阪府大会制覇を成し遂げ、2012年と2018年の春夏連覇、2017年から2018年の春連覇を達成し、PL学園に代わる強豪校として全国に名を轟《とどろ》かせてきた。PLは2000年代以降、幾度となく暴力行為などの不祥事が取りざたされ、入部志望者が激減。2016年には休部に追い込まれている。PL学園はいわば、大阪という同じ地区の「競合他社」である大阪桐蔭にリクルーティングで負けて、強豪校の座を失ってしまったのである。

もちろん体罰はどんな理由であれ許されることでないのは大前提として、こうした上下関係の厳しさや「しごき」的指導をする学校に生徒が集まらなくなった要因として、社会の働き方の変化が挙げられるであろう。かつては終身雇用制の会社で身を粉にして働くことが美徳とされていたが、現代においては転職が当たり前となり「嫌なら辞める」ということに対して抵抗がなくなっている。

加えて、そもそも体育会系的なマネジメントでは、高校野球において勝てなくなっているという現状もある。かつて、暴力や罵倒を行っていたチームの多くが、そうした行為を「チーム全体の緊張感を保つ」ことの手段としていた。しかし、いまは選手ひとりひとりの能力や成績を可視化して、目的意識を明確にするだけで、チームの緊張感を保つことができる。

チームをまとめ上げ、結果を残すためには、厳しい指導や緊張感は必要な要素ではある。しかし、練習中ずっと大きな声を出すことを強いたり、ミスを罵倒することは、適切な指導ではなくなってきている。現代においては勝利至上主義のチームほど、ハラスメントを廃し、データなどを用いたマネジメントに移行している。

データの普及・マニュアル化によるアドリブ力の低下

そんなデータ至上主義にも、もちろん欠点がある。それは、データに基づき、マニュアル化しすぎたがゆえに選手のアドリブ力が低下することだ。

2019年に引退を表明した元シアトル・マリナーズのイチロー氏は、「現在の野球は、頭を使わなくてもできてしまうものになりつつある」と警鐘を鳴らす。イチロー氏はかねてから「野球は頭を使わないとできない競技だ」という持論を強調していた。この言葉の背景には、彼がプレーしたメジャーリーグが、守備シフトすらもデータに基づいて決めるようになり、試合中の予期せぬプレーに対応できなくなっているという現状がある。

とくに近年はデータや数値が細分化したことにより、打撃、投球、守備、走塁など、あらゆるプレーがマニュアル化されている。とくに短期決戦であり、一つのミスが勝敗をわける高校野球においては、マニュアル外のプレーにいかに対応できるかが重要になってくる。

常総学院《じょうそう》でプレーをした仁志《にし》敏久氏（元・横浜ＤｅＮＡベイスターズなど）は、当時監督を務めた名将・木内幸男《きうちゆきお》氏の野球を経験し、言われたことをそのままやるのではなく、頭を使いながら野球をすることの重要さをコメントしていた。[*6] 例えば、送りバントのサインが出た場面でも、相手チームが前進守備をした際には、サイン通りに送るのではなく、プッシュバントをして進塁の確率を上げることまで求められたのである。

データが普及したことにより、指導も采配もマニュアル化され、確率の高い作戦を事前に準備することが可能になった。しかし、そうした作戦のなかからは、「バントのサインからバスター」といった采配は生まれないだろう。木内氏の采配は、当時「木内マジック」と呼ばれていたが、状況に応じて柔軟に考えてプレーする意識を選手に植え付けることが一つの「マジック」だった。

また、現在の東北高校も、２０２３年のセンバツ初戦ではノーサインで試合に挑んだ。結果的には敗れたものの「戦略的に考えると、あの場面で『なぜ送らないのか』と指摘されるかもしれないが、選手が自主的に判断して、大きく成長しようというのがうちの野球。選手たちは試合中に、投手を攻略するためにみんなで話し合っていたし、いつもの東北の野球はできたと思う」[*7]と監督の佐藤洋《ひろし》氏はコメントを残した。

しかし、よくよく考えればデータ化・マニュアル化と、頭を使うことは相反するものではない。言い方を変えれば、自分のチームと相手のチームのデータやマニュアルを念頭に、予期せぬプレーに対応する力が求められていると言えるだろう。つまり、いまの野球選手は頭をなおさら使わなければいけない状況にあるのである。

その一例が「世界最高の野球選手」である大谷翔平が、2023年のWBC準々決勝の日本対イタリア戦で見せたプレーだろう。大谷は相手の守備陣形のシフトを見た上で、味方まで意表をつくセーフティバントを決め出塁。それが先制点につながった。イタリアは大谷が引っ張り目の打球を打つというデータをもとに、一塁側に寄ったシフトを取っていた。これは、大谷がメジャーリーグでプレーしているときにも見られるシフトだが、短期決戦であるがゆえに「アドリブ」でセーフティバントを選択した。

データ・マニュアル重視の時代だからこそ、「木内マジック」のような采配や大谷のセーフティのような、アドリブ力の効いた野球脳が活かされたプレーが重要になってくるのではないだろうか。

データを用いた戦術だけではジャイアント・キリングは起こらない

このデータとアドリブ力の関係は、高校野球の醍醐味《だいごみ》であるジャイアント・キリング（格下のチームが強豪校に勝つ番狂わせ）にも大きく関わってくる。データを駆使して相手の戦力を分析し、それに基づいて戦略を立てても、そもそもの能力やアドリブ力がなければ番狂わせは起こらない。

その一例が２０１８年のセンバツの２回戦、膳所《ぜぜ》高校と日本航空石川の試合である。21世紀枠で出場した膳所高校に、データ班がいたことが大会前には話題となった。しかし、蓋を開けてみれば、日本航空石川に0対10で大敗。５回までは2点差と僅差だったが、最後は根本的な実力差を目の当たりにする結果となった。この試合でも、初回に日本航空石川の２番・的場拓馬が放った右中間への大きな打球を中堅・伊東篤志が抜群のポジショニングで処理したことや、3回一死から日本航空石川の9番・重吉翼が放った三遊間への打球が極端に遊撃側に守っていた三塁・平井崇博《たかひろ》の真正面に転がり三ゴロとなるなど、データ班の活躍は見られた。しかし、選手個人の実力差は、データだけでは埋められない。とくに近年では強豪校にもデータ班が存在している。このことからも、データだけでは強豪校に勝てないことがよくわかるだろう。

そもそもかつてのジャイアント・キリングも、チームの総合力の高さに裏打ちされたものだった。夏の甲子園で言えば2004年の駒大苫小牧《とまこまい》や2007年に優勝した佐賀北は、大会前には注目されていなかったことから強豪校に勝利するたびに番狂わせと言われた。注目されていないチームが勝ち上がることで、甲子園の観客を味方につけ、相手チームにプレッシャーを与えていたことも番狂わせの起こった一因だったが、実は、どちらのチームも試合運びが上手《うま》かったり、ディフェンス力が高かったりと、際立った強さがあった。

直近の例では、2010年以降毎年のように優勝候補として名前が挙がる大阪桐蔭は、順調な試合運びから一転して敗れたというケースがあった。2022年の夏の甲子園では下関国際に、2023年のセンバツでは報徳学園に敗れた。勝った両校とも準優勝に輝いたことから、ジャイアント・キリングとまでは言い難いが、大阪桐蔭に勝利したことによりメディアは番狂わせとして大きく取り上げた。この両チームとも、選手の基礎的な能力と勝負強さが光った。

2022年夏に大阪桐蔭に勝利した下関国際は、プロ注目の2年生左腕の前田悠伍《ゆうご》投手の外角のボールを狙い打ちするなど完全に攻略。これはまさに戦略勝ちではあるが、そもそも下関国際打線にトップレベルの投手を連打できる打力や、リリーフの仲井慎《しん》に大阪桐蔭打線を力でねじ伏せる実力があったからこそ勝つことができたのは言うまでもない。2023年のセンバ

くる傾向があったが、2010年代以降は投手の平均球速が上がり、野球の精密さが向上したことでそのような戦略は通用しなくなってきている。

例えば2021年の夏に史上最強の打線と言われた盛岡大附属は、エースで4番の山田陽翔《はると》（現・埼玉西武ライオンズ）が注目を浴びた近江《おうみ》を相手に3回戦で敗退した。山田と岩佐直哉は盛岡大附打線に15安打を浴びたが、1、3、4番から6奪三振を記録。近江は山田と岩佐の継投で、上位打線を2番打者以外ほぼ完璧に抑えるピッチングを見せた。長打力を戦略の中心に据えると、選手たちが大振りになる傾向が高まるため、レベルが高い投手と対戦した際に抑えられるケースは珍しくない。さらに、試合を作れる投手を2、3人用意しているチームが増えた2020年代以降は、2000年代のように疲弊しているエースから大量得点をすることも難しくなっている。

では、結局どのような戦略が高校野球において重要なのか。それは、大技から小技まで駆使しながら、試合を進めていく「トータル・ベースボール」である。このトータル・ベースボールは、ディフェンス力の高さとミスの少なさに加え、記録には表れない相手のミスにつけ込む走塁や、意表をつく奇策などを含めた戦略である。

いわば、すべての面で抜け目のないプレーができることが求められるため、プロ野球のレベルでもなかなか難しいが、現代の高校野球においてそれが実現できているのが大阪桐蔭である。同校は前述の通り、２０１２年以降四度のセンバツ優勝、三度の夏制覇を果たしている。ツイッター上で野球の分析を行っているお股ニキ（@omatacom）氏の著書『セイバーメトリクスの落とし穴ーマネー・ボールを超える野球論』でも、大阪桐蔭は野球の本質をついたチームビルディングができていると言及されているが、各世代の特徴に合わせてチームビルディングを行い、ポジションごとの穴をなくし、控えまで高い水準の選手を揃《そろ》えることでトータル・ベースボールを実現している。

詳しくは第二章、第三章で言及するが、２００４年から２００６年の駒大苫小牧や２０１０年の興南《こうなん》、２０１１年の日大三、２０１５年の東海大相模《さがみ》、２０２２年の仙台育英もトータル・ベースボールを実現していた。この５校は炎天下で体力的に厳しい夏の甲子園の舞台で、世代トップクラスの投手力と高校球史トップクラスの打撃力を軸として、バントや走塁などでミスをしない緻密さを兼ね備えており、さらに高いディフェンス力や、相手の隙をつく走塁やエンドラン、セーフティバントなどの小技を使えるアドリブ力の高さもある。

ただ、トータル・ベースボールとしての洗練だけで優勝できるわけではない。いま挙げた学校は甲子園の観客を味方につける力もあった。甲子園を味方にしたチームは、劣勢の場面でも出塁しただけで大きな歓声が湧き上がり、それだけで相手チームにプレッシャーを与えることができる。こうした高校野球独特のプレッシャーが「甲子園の魔物」と言われる、逆転劇や致命的なミスを呼び込むのである。

逆に甲子園の魔物を撥《は》ね除《の》けることができれば、甲子園制覇にぐっと近づく。とくに2018年夏と2022年の春の大阪桐蔭は、それぞれ金足農業の吉田輝星、近江の山田陽翔という甲子園を味方につけたスターを攻略して頂点に立った。

このように、現代の高校野球において勝ち上がるためには、一つの特徴があるだけでは難しく、トータル・ベースボールに加え、球場をも味方につけるという高度なことが要求されるのである。

甲子園で勝つためには春季大会と明治神宮大会が重要?

高校野球の公式戦で唯一、甲子園の出場権とまったく関係しない大会が、センバツと夏の甲子園の予選の間に行われる。それが、3月から5月に開催される春季大会である。この大会があることによって、夏の予選から甲子園までの日程がタイトになることから、ダルビッシュ有《ゆう》(現・サンディエゴ・パドレス)は「春の地方大会やめて、夏の県大会予選5月からやればいいやん。」（2019年7月26日）とツイートしている。

たしかに、春季大会で優勝しても、夏の都道府県大会でシード権を与えられるのみ。不必要な大会はないことは前提にしても、多くの球児は甲子園出場を目標にして3年間練習していることを考えると、ダルビッシュのように大会の存在意義を見いだせない人がいるのも頷《うなず》ける。

ただ、この春季大会はトータル・ベースボールを実現するための、実戦を通した育成の場として有効になりつつある。そのお手本となるのが、2018年の大阪桐蔭だ。センバツを制した後の春季大会は、大阪府大会と近畿大会で優勝を果たしている。しかし、大阪府大会ではエースの柿木蓮《かきぎれん》（現・北海道日本ハムファイターズ）と4番に座っていた藤原恭大《きょうた》（現・千葉ロッテマリーンズ）を外した。藤原に関しては、膝を痛めていたこともあり、この大会は不在となったが、大阪桐蔭はレギュラーメンバー以外の底上げを図り、横川凱《よこがわかい》（現・読売ジャイアンツ）や中田惟斗《ゆいと》（現・オリックス・バファローズ）、山田優太、宮本涼太、飯田光希、石井雄也などを試した。とくにこの春季大会では横川が成長を遂げて、準決勝の智弁学園戦では先発を務めて勝利に貢献。この経験もあり、夏の大会では三本柱としてローテーションを回すことができた。

2023年の春季大会を見ても、同年のセンバツでベスト4まで勝ち進んだ大阪桐蔭はキャプテン兼エースの前田をベンチ外にした。前田が不在のなか、投手を含めたほかの選手の底上げを図り、育成しながら勝ち上がり、準優勝を果たした。

このように、選手層を厚くするための底上げの場として春季大会が活用されていることがわかる。こうした認識が一般化すれば、各チームがこの期間にどれだけ多くの選手を実戦の場で育成できるかがポイントになっていくだろう。計算できる投手はもちろんのこと、守備・走塁のスペシャリストやユーティリティプレイヤーがこの春季大会から生まれてくるかもしれない。

また、甲子園と直接関係がないもう一つの大会、明治神宮大会も甲子園を勝ち抜くチームを考える上で重要である。この大会は甲子園ほどの知名度はないが、各地域の秋季大会の優勝校がトーナメント形式で対戦する、1年生と2年生によって構成された新チームにとっては初めての全国大会である。

実は1999年から2022年まで、明治神宮大会に出場した高校は、翌年の春または夏の甲子園の決勝まで勝ち進んでいる。なぜ、そのようなことが起こるのか。明治神宮大会の予選にあたる秋季大会は、新チームになったばかりの時期に行われる大会である。その時期はまだ戦略も戦術も仕上がっておらず、選手たちも粗削りだが、そんななかで都道府県大会の上の地区大会を勝ち抜き、明治神宮大会に出る地力があるチームは、翌年の甲子園の決勝にまで進めるポテンシャルがあると言えるだろう。

現代の高校野球における強豪チームは、甲子園に直接関係のないような大会でも、チームを強化し、ポテンシャルを発揮できるのである。

「球数制限」が変えた高校野球の戦略と予期せぬ弊害

ここまで指導や采配のデータ化と、21世紀における高校野球の戦略・戦術を見てきたが、高校野球のルールも大きく変わろうとしている。その象徴が、2021年のセンバツ大会から設けられた「球数制限」だろう。この球数制限は、一人の投手は1週間に500球以内しか投げてはいけないというもの。この制度により、高校野球の戦略・戦術は変わりつつある。

その一つが「投手の枚数」である。これまでも、甲子園で上位に勝ち進むためには投げられる選手が複数人必要だと言われてきた。しかし球数制限制度導入以降は、ただ投げられる選手がいるだけでは勝ち上がることはできない。

その好例が球数制限導入前の、2018年の大阪桐蔭である。エース柿木蓮を中心に遊撃手との二刀流で出場していた根尾昂《あきら》（現・中日ドラゴンズ）や左腕の横川凱といった3人の投手陣で春夏連覇を飾った。大阪桐蔭は球数制限導入後の2022年のセンバツでも、川原嗣《し》貴《き》、別所孝亮《こうすけ》、前田悠伍の3人の投手陣で優勝を果たしている。

この投手陣の特徴は、エースだけではなく、2番手や3番手も試合をしっかりと作るゲームメイク力を持っており、一人で投げきって試合に勝てる力もあったこと。つまり、どの投手に先発のマウンドを預けても試合を壊さない安定感があったのである。

しかし、そうした戦略の変化は思わぬ格差を生んでいる。現在、複数の好投手を揃えることができる私立高校が、甲子園で上位進出を果たす学校のほとんどを占めている。私立高校は選手のスカウティングや育成に時間も予算もつぎ込むことができる。一方、公立高校は2番手、3番手の投手の育成に力を入れる環境や人員、資金が私立の学校に比べて少ない傾向にある。

そのため、1人の投手で甲子園を勝ち上がった学校は、吉田輝星を擁して2018年夏に準優勝した金足農業や、中森俊介（現・千葉ロッテマリーンズ）を擁して2019年の春夏にベスト4まで勝ち進んだ明石商業などいずれも公立高校だった。21世紀に入り、一部の公立高校が甲子園でも勝ち上がれるぐらいの力をつけてきて、私立高校との差も縮まっていたなかで、球数制限の導入によって私立と公立の物量の差が以前のように開く可能性はある。

また、球数制限は大会の日程によっても不公平を生んでしまう恐れがある。なぜなら、大会の早い日程で出場したチームは、遅い日程のチームより試合間隔が空くため「1週間に500球」というルールが守りやすくなるからである。実際に2023年のセンバツを制した山梨学院のエースは林謙吾一人のみ。その林は6試合4完投し、696球を記録している。

このように500球までの制限を設けたところで、上手く運用すれば一人の投手が投げきれてしまっているのが現状である。今後は選手の健康面を考慮した上で、球数制限はさらに厳しくなっていくだろう。

ただ球数という基準は、必ずしも投手の酷使の防止になるとは限らない。例えば2019年の夏の甲子園で準優勝を果たした星稜《せいりょう》高校の奥川恭伸《やすのぶ》(現・東京ヤクルトスワローズ)は、3回戦の智弁和歌山戦は延長14回完投で165球を投げたが、そのほかの試合ではうまく球数を制御した上で抑えた。このように球数を制御しながら甲子園を勝ち上がった奥川だが、プロ入り後は肘の怪我《けが》で苦しんでいる。

現代の高校野球における「投げなさすぎ」の問題

こうした球数の問題のみならず、2019年の夏の岩手県大会の決勝では大船渡《おおふなと》高校が佐々木朗希《ろうき》(現・千葉ロッテマリーンズ)を投げさせないことが話題になった。このように、将来有望株の投手は大事な試合になっても温存する、という例は今後増えていくことが予想されるが、2010年代には大事な試合に力を残すためエースを温存するチームが増えてきていた。

ただ、そうした戦略に泣かされるチームもある。2016年の夏の甲子園では履正社《りせいしゃ》が寺島成輝《なるき》投手（元・東京ヤクルトスワローズ）を温存し敗退、花咲徳栄《はなさきとくはる》も高橋昂也《こうや》投手（現・広島東洋カープ）を温存した試合で敗退した（対照的にこの年の作新学院は、今井達也投手が大差のついた準決勝の試合以外はすべて完投して優勝した）。

さらには、温存による思わぬ弊害もある。具体的な例が2022年センバツベスト4の浦和学院だ。浦和学院は夏の埼玉県大会でエース宮城誇南《こなん》を温存し、3回戦で3イニングを投げさせたのみで、本格的に投げさせたのは5回戦からだった。しかしその5回戦で、宮城は（お世辞にも強豪校とは言い難い）大宮北に初回から先制を許してしまう。その試合は勝ったものの、準決勝の花咲徳栄戦では5回途中3失点。リードを許したままマウンドを降りた。この夏の大会の決勝までの宮城は不振にあえいでいたが、その原因は大会期間中の調整の失敗にあると思われる（浦和学院はその後、なんとか聖望《せいぼう》学園との決勝に進み、宮城も復調し9回1失点の好投を見せたが、惜しくも敗れ甲子園出場を逃している）。

さらに、2022年にセンバツを制した大阪桐蔭の前田悠伍も「投げなさすぎ」に苦しんだ。前田は、大阪府大会5回戦の東海大大阪仰星《ぎょうせい》戦でこの夏、初めてマウンドに上がるが、4回で5四死球。それでも、決勝では履正社打線相手に8回7奪三振・3四死球にまとめて、対応力の高さを見せた。高校野球においてはよく「投げすぎ」による問題が取りざたされるが、いまは「投げなさすぎ」も投手を苦しめるのである。

複数の投手を投げさせることが当たり前になった現代の高校野球において勝ち上がるカギは、それぞれの投手の調整能力にあるとも言えるだろう。この「投げなさすぎ」の問題は、大会を通した調整以外に育成面でもデメリットを生じさせている。

普段の練習から球数が管理されていることで、投げるためのスタミナを鍛えにくくなっている。そのため、実戦で練習以上の球数を投げた場合は、踏ん張りきれず大崩れをしてしまう可能性も高くなるだろう。

このようなことから、練習から球数に制限をつけるのは、選手にあまりいい影響を及ぼしていないのではないだろうか。

実はこの問題は投手や高校野球に限らず、スポーツ全体にも共通している。現代のスポーツのトレーニングはデータによる効率化により、時間の削減などが行われている。データの普及により、仕組み化などが進むなかで、過剰な量の練習は淘汰《とうた》されつつある。しかし運動能力や体力の土台づくりのためには、ときには大きな負荷をかけるような練習量が不可欠である。さらには、練習量は運動能力の向上のみならず、精神的な自信や信頼感にもつながる。ベタな例にはなるが、キャプテンやチームの中心選手が最後までグラウンドに残っていれば、ほかの選手たちから大きな信頼感を得られるだろう。

このように、効率的な練習や数字にとらわれることによって、技術の向上やメンタルの強さを養う機会を失う可能性もある。必ずしも、制度化が選手を守ることにはならないのである。

センバツは「強いチーム」でも甲子園に出られない？

球数制限のみならず、高校野球の制度化の過程において、大会のあり方も問題になりつつある。その一つは、センバツの出場権におけるエリア制度である。センバツ出場までの道のりは、都道府県大会で上位2チーム（地域によっては3チーム）が地区大会に進み、そこからさらに出場枠に向けて勝ち上がるというものだ。秋季大会の地区別の大まかな出場枠は次のようになる。北海道地区から1校、東北地区から2校、関東地区から4〜5校、東京地区から1〜2校（関東か東京のどちらかに＋1校で計6校）、北信越地区から2校、東海地区から2校、近畿地区から6校、中国地区から2〜3校、四国地区から2〜3校（中国か四国のどちらかに＋1校で計5校）九州地区から4校の合計28校である。この一般選考枠は、秋季大会で勝ち上がった実力校である。そのなかで1校分枠が増えるのが明治神宮大会枠だ。これは、11月に行われる明治神宮大会で優勝した高校の地区に与えられる特別枠だ。

それでも秋季大会の地区の枠が限られていることによって、強豪校でも落選してしまう傾向があることを指摘しなければならない。例えば、２０２２年の関東地区大会でベスト8に入った名門の横浜が落選した。このように、各地区で出場校数が限られている上に、選出基準の曖昧さによって、都道府県大会で好成績を残したにもかかわらず選出されない学校が出てしまう制度でもある。

それだけ狭き門であるにもかかわらず、21世紀枠はさらに不透明な選考基準で選ばれている。つまり「理念」の名のもとに、好成績を残したチームでも甲子園には出られず、実力や成績も芳しくないチームが甲子園に出てしまうのが現状のセンバツの制度なのである。また、21世紀枠で甲子園に出場した高校の勝率は、２０２３年現在で3割に満たない結果だ。「選抜高等学校野球大会」なのだから、他競技のインターハイなどのように実力によって「選抜」された学校が出るべきなのだろう。勝負ごとにおいてトーナメントという制度を採用した上での「選抜」であるにもかかわらず、成果を残したチームが割りを食う制度になってはいないだろうか。

筆者は、21世紀枠を廃止し、選考基準は再考されるべき段階にあると感じる。

現代の高校野球は国際大会の感動に通ずる

ここまで述べてきたように21世紀の高校野球はデータ化や戦略の高度化、制度変化によって、いままでとはまったく違うものになりつつあることがわかる。しかし、多くの人々が危惧するのは、そういった変化によっていままでのような感動が損なわれるのではないか、ということだろう。結論から言うと、制度化によってかつてのような感動は、なくなっていく。

そもそも、高校野球は「プロ」でも「ビジネス」でもなく、「教育の一環」として行われるものである。甲子園出場までの各校のストーリー性、トーナメントの儚《はかな》さ、意外性、高校時代という青春への共感、ヒーローの誕生……など挙げればきりがないほどのドラマを生み出す。

そうして生まれるドラマの一つが、1998年の松坂大輔（元・埼玉西武ライオンズなど）や2006年の斎藤佑樹（元・北海道日本ハムファイターズ）のような、エースが延長戦含めて完投した上で優勝することである。かつては、多くの球数を費やして投げきる姿が、メディアや大衆の関心を集める感動的なものだったため、「美徳」とされる風潮があった。

しかし、これらは2010年代以降に問題視された。甲子園で過度な登板をした選手が後年致命的な怪我をしたことで、球児の選手寿命を短くすることが認識されるようになったからである。だからこそ高校野球に球数制限が導入されたわけだが、それは、かつてのような感動を損なっても選手の将来を守るという選択でもある。

ただ、その選手を守りつつ、トーナメント大会を勝つという選択が別の感動を生むこともある。２０２３年３月に開催されたＷＢＣで、日本は三度目の世界一に輝いた。主要大会で見ても、日本は２０１９年プレミア12、２０２１年東京五輪、２０２３年ＷＢＣと３大会連続で世界一に輝いている。日本の野球は、なぜここまで国際大会に強いのか。それは、やはり高校野球を含めたトーナメント形式の戦い方を多く経験していることが大きいだろう。

例えば、アメリカの高校野球は2月から4月末くらいまでの約3か月が公式リーグ戦、5月はプレーオフのトーナメントというのが大体の流れだが、カリフォルニア州のようにそれ以外のオフシーズンも野球部がずっと練習とリーグ戦を行っているところもある。[*9] そのため、野球をプレーしている総量は多いものの、日本ほど高校時代にトーナメント形式や短期決戦に慣れているわけではない。

日本でも選手にかかる負荷への懸念からリーグ制を導入する動きが見られているが、制度を変革しながらも高校野球のトーナメント形式を残すことで、いまの日本野球の短期決戦の強さを継承し、新しい感動を生み出せるのではないだろうか。

て11安打を許すも、智弁和歌山打線を2点に抑えて頂点に輝いた。優勝した東海大相模は、大会を通してチーム成績は打率3割3分3厘・2本塁打・28打点、チーム防御率2・54と智弁和歌山ほどの圧倒的な成績はなかったものの、失策は3。智弁和歌山は失策7であり、決勝戦の終盤に守備力の差が生まれた形にもなった。

智弁和歌山はセンバツでは優勝を逃したものの、夏はその悔しさを晴らし甲子園を制覇する。センバツではチーム本塁打は2本だったが、夏の甲子園では11本を記録。2番の堤野健太郎から6番の山野純平まで、一発がある選手が揃っていた。大会前は6月ごろにかなり追い込み、和歌山大会中も普段通りに練習。それが、甲子園では練習は2時間だけだった。「これが調整になって体が楽になるんです。この年は特に、甲子園に入ってバットが振れてきた」[*1]と高嶋仁《ひとし》監督はコメントしている。夏に向けて、センバツ以上にチームの打力が向上し、真の強いチームを作り上げた。

智弁和歌山（2000年夏）大会戦績

1回戦　：智弁和歌山　14－4　新発田《しばた》農業

2回戦　：智弁和歌山　7－6　中京大中京

智弁和歌山(2000年夏)大会オーダー・成績

オーダー　打撃・投手成績

打順	守備位置	選手	試合	打数	安打	打率	本塁打	打点
1	二	小関武史	6	29	9	.310	0	3
2	遊	堤野健太郎	6	27	15	.556	2	8
3	一	武内晋一	6	26	14	.538	2	6
4	中	池辺啓二	6	29	12	.414	1	9
5	捕	後藤仁	6	24	11	.458	3	6
6	右	山野純平	6	27	13	.481	3	13
7	左	井口暢人	6	24	8	.333	0	2
8	三	青山祐也	6	23	4	.174	0	2
9	投	中家聖人	4	11	4	.364	0	2
	控	北橋真	6	19	8	.421	0	2
	控	岡崎祥昊	1	3	2	.667	0	0

チーム打率.413

		選手	登板	投球回数	奪三振	自責点	防御率	
		山野純平	6	33回	12	7	1.91	
		中家聖人	4	21回2/3	11	13	5.40	
		松本晋昂	2	1回1/3	3	0	0.00	

チーム防御率3.21

守備陣形

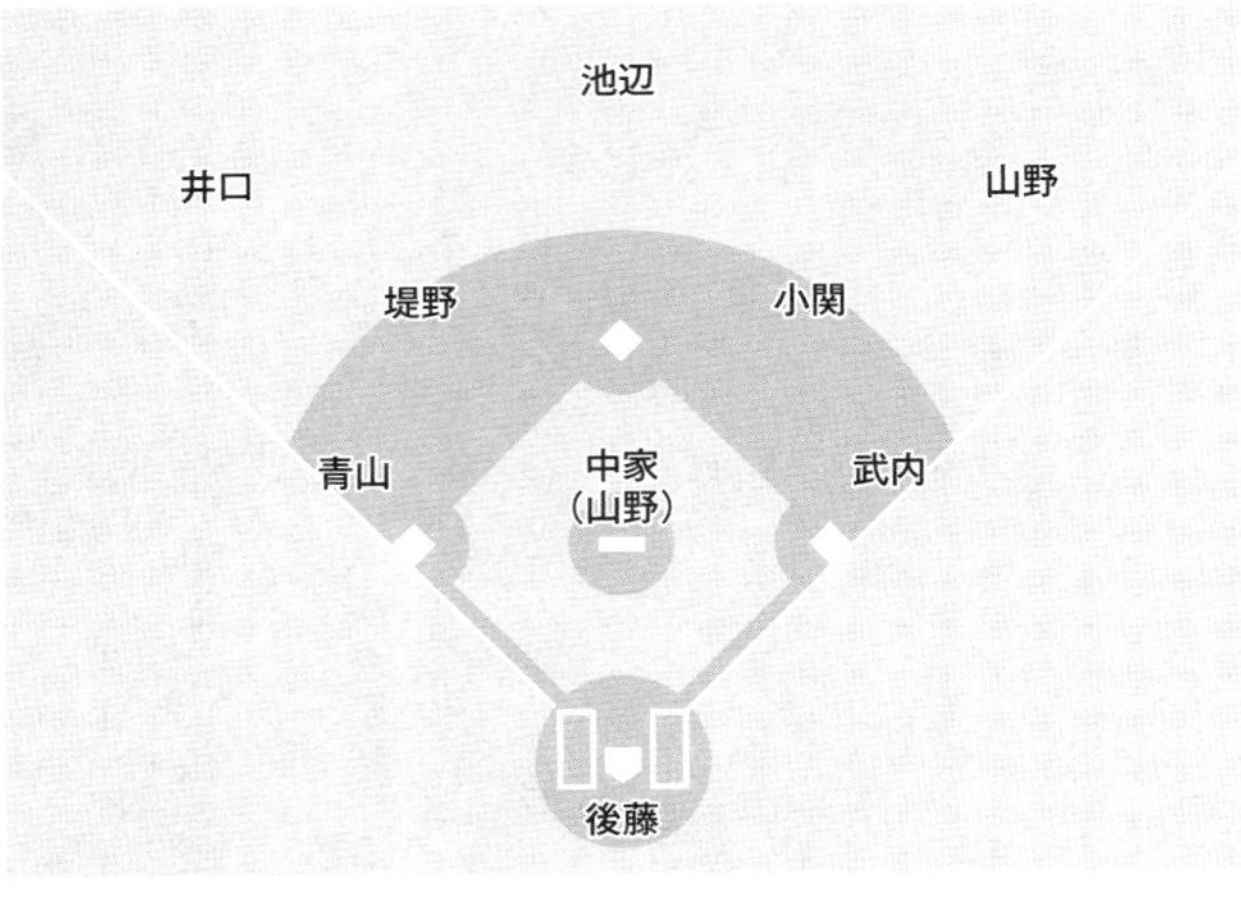

3回戦　：智弁和歌山　11－7　PL学園
準々決勝：智弁和歌山　7－6　柳川
準決勝　：智弁和歌山　7－5　光星学院
決勝　　：智弁和歌山　11－6　東海大浦安

この智弁和歌山が優勝した大会までは、1998年に春夏連覇を果たした横浜（エースは松坂大輔）や1999年に夏の甲子園を制覇した桐生《きりゅう》第一（エースは正田樹《しょうだいつき》＝元・東京ヤクルトスワローズなど）のように一人の圧倒的エースを予選から甲子園まで投げさせる戦略が一般的だった。

実際、この夏の智弁和歌山はエース級の投手が不在だった。センバツで柳川のエース香月に投げ勝ち、決勝でも先発を務めたサイドハンドの左腕・白野は登板がなく、エースナンバーを背負った松本晋昂《しんこう》は、調子が上がらず長いイニングを任せられる状態ではなかった。投手の大黒柱がいない状況で、智弁和歌山は野手だった山野を投手としてマウンドに上げた。夏に向けて生まれた戦略が「二人以上の投手を上手く継投しながら圧倒的な打力で勝つ」という現代の高校野球に近い投手の起用法だった。

とくに、山野はこの夏の多くの試合で好リリーフをしていたことから、投手としても貴重な選手になった。2000年の智弁和歌山は、これまでの高校野球のセオリーを覆したのである。

1回戦の新発田農業戦では2本の本塁打を含む22安打・14得点で、センバツと同様に打力の高さを見せつけた。この打力は名門校も圧倒する。2回戦の中京大中京戦は、初回から打線が先発の高橋孝典を攻め立て、7回表までに7点のリードを奪った。しかし、中京大中京は7回裏に集中打で6点を奪い、1点差まで追い上げる。智弁和歌山は2番手に山野を起用。山野が踏ん張って1点差で名門対決を制した。

3回戦のPL学園戦も打撃戦となった。智弁和歌山は初回から朝井秀樹（元・読売ジャイアンツなど）を攻め立てる。3回には池辺啓二と山野のツーランホームランが飛び出すなど、一気に智弁和歌山ペースになった。PL学園は4回からエースの宮内佑太をマウンドに上げるが、智弁和歌山打線は攻撃の手を緩めずに攻め続けた。PL学園も中家を攻め立て、7回までに2点差に詰め寄り粘りを見せたものの、2番手の山野に抑えられた。最終的に智弁和歌山は4本塁打・19安打・11得点をあげた（19安打のうち9安打が長打だった）。中家の後にマウンドに上がった山野の好リリーフもあり、打ち合いを制した。

準々決勝の柳川戦は、甲子園史上屈指の名勝負となる。先発の中家が序盤に柳川打線に捕まり、1対0でリードを守りきったセンバツでの戦いとは打って変わり、8回までに4点のリードを許した。8回裏の智弁和歌山の攻撃が始まる前、高嶋氏はナイターなのにお客さんが帰らないのを見て、「今年の智弁の打撃がどれほどか、お客さんは見たいんや。放り込んだれ」[*2]と檄《げき》を飛ばす。その8回裏に柳川のエース・香月の親指のマメが潰れるというアクシデントの隙をつき、武内と山野のホームランで追いつくと、延長11回に堤野と池辺が四球を選んでチャンスを広げた。この場面で、後藤が外角直球をライト線に打ち返し、それがサヨナラ打となり劇的な勝利を飾った。センバツと同様に真っ向勝負した柳川の香月は177球の力投を見せるも、最後は力尽きた。

準決勝の光星学院戦は好リリーフを見せてきた山野が先発としてマウンドに上がる。初回から山野に援護点を与えるものの、試合中盤まで光星学院にリードを許す展開となるが、その後打線が相手先発斉藤広大、2番手根市寛貴《ひろたか》（元・東北楽天ゴールデンイーグルスなど）を攻略し、勝利した。

二度の逆転劇によって勝ち上がった決勝で戦ったのは、東海大浦安。エースの浜名翔は、準決勝まで35回2/3を投げて防御率は2・02と驚異的なピッチングを見せており、どのチームも彼の決め球、シュートを打ちあぐねていた。6回までに智弁和歌山打線はその浜名から堤野の2本のホームランなどで5点を奪い、一方東海大浦安打線も智弁和歌山の中家から失策絡みで5点を奪う。そして6回裏に山野から勝ち越しの6点目をあげる。しかし、智弁和歌山は劣勢に立たされながらも焦りはなかった。8回表に疲れが見えはじめた浜名に対して、5つの長短打で一挙5点を奪い、勝ち越した。最後はこの大会大活躍だった山野が、この試合でもロングリリーフをして相手打線を抑え、頂点に立った。

この夏の智弁和歌山は、センバツ時に課題だった守備は大きく改善されなかったが、それを上回る打撃力で多くの記録を塗り替えた。6試合連続二桁安打は大会タイ記録。さらに、合計100安打・11本塁打・チーム打率4割1分3厘（2001年に日大三が更新、2004年に駒大苫小牧がさらに更新）・157塁打は歴代最高記録。まさに世紀末王者にふさわしい打線だった。ちなみに合計34失点も新記録である。失策や失点をしても、相手より打って得点するチームのスタイルは、この大会から20年以上経《た》った後も語り継がれるような、智弁和歌山の「豪打」や「強力打線」のイメージを作り上げた。そして、20世紀のチームでありながら、複数人の投手による継投によって甲子園を勝ち上がる21世紀型の高校野球のスタイルに最も近いチームでもあった。

1試合平均8点以上の打撃力と二枚看板――2001年の日大三

2001年の夏の甲子園は、センバツで頂点に立った常総学院がまさかの2回戦敗退。日南学園のエース寺原隼人《はやと》（元・東京ヤクルトスワローズなど）は、2回戦の玉野光南との試合で当時甲子園最速となる154km／hを記録した。そんな21世紀初となる夏の甲子園で頂点に立ったのは、強打を誇った日大三だ。

日大三（2001年夏）大会戦績

1回戦　：日大三　11－7　樟南《しょうなん》
2回戦　：日大三　11－4　花咲徳栄
3回戦　：日大三　7－1　日本航空
準々決勝：日大三　9－2　明豊
準決勝　：日大三　7－6　横浜
決勝　　：日大三　5－2　近江

この年の日大三はセンバツこそ3回戦で東福岡に3対8で敗れたが、夏の甲子園では、前年

日大三(2001年夏)大会オーダー・成績

オーダー　打撃・投手成績

打順	守備位置	選手	試合	打数	安打	打率	本塁打	打点
1	二	都築克幸	6	28	16	.571	2	9
2	三	野崎将嗣	6	24	6	.250	0	1
3	中	内田和也	6	24	10	.417	2	5
4	右	原島正光	6	27	14	.519	3	10
5	一	齋藤達則	6	19	9	.474	0	6
6	左	石井俊輔	6	21	9	.429	0	6
7	遊	幸内正平	6	21	10	.476	0	6
8	捕	諸角洋大	6	25	10	.400	0	6
9	投	近藤一樹	6	15	3	.200	0	0
	控	渡辺哲也	1	1	1	1.000	0	0
	控	菊村透	5	1	1	1.000	0	0

チーム打率.427

		選手	登板	投球回数	奪三振	自責点	防御率	
		近藤一樹	6	39回1/3	41	13	2.97	
		千葉英貴	2	8回	12	6	6.75	
		清代渉平	2	6回2/3	11	0	0.00	

チーム防御率3.17

守備陣形

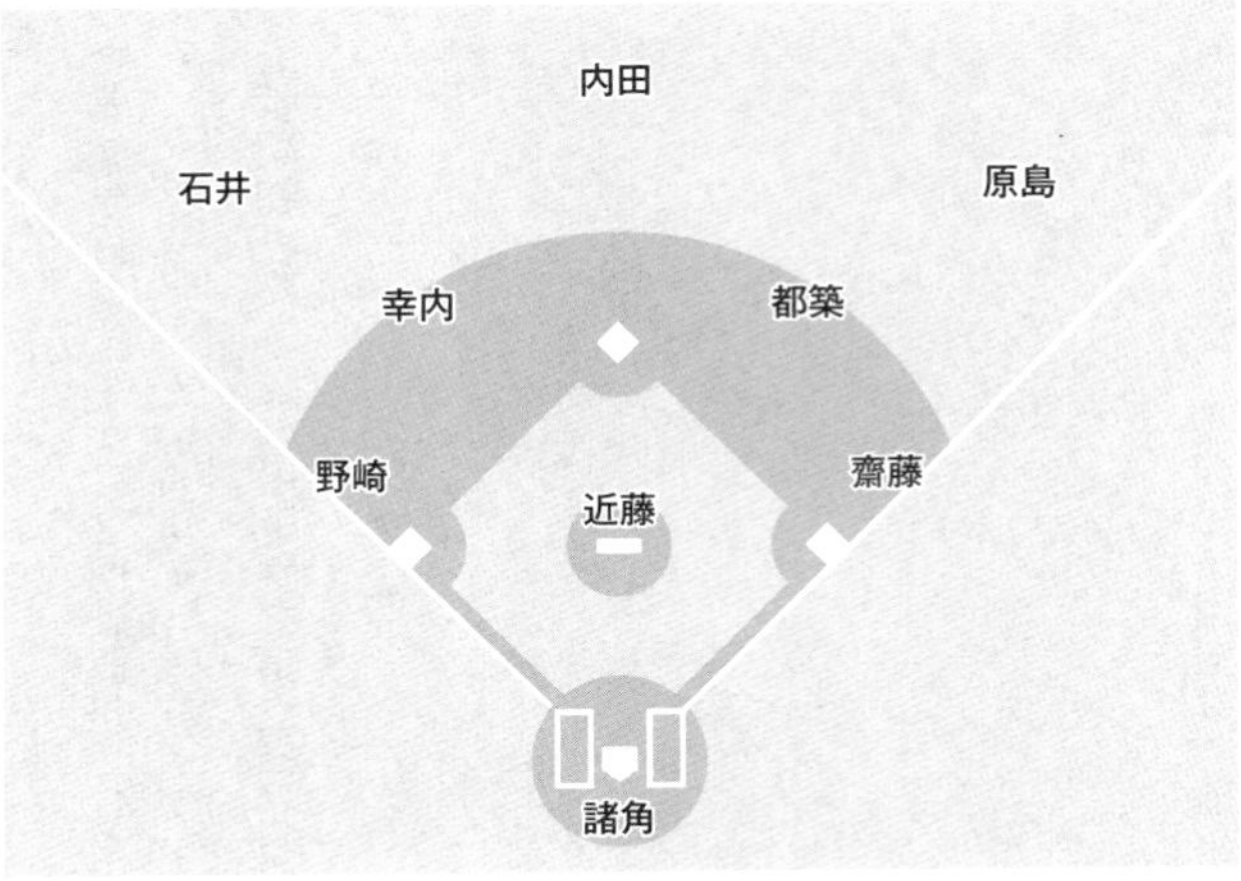

夏に智弁和歌山が大会記録を更新したチーム打率4割1分3厘をさらに超える4割2分7厘を記録して優勝を飾った。小倉全由《まさよし》監督はセンバツで敗れた時選手たちに「夏、甲子園に戻って来られたら優勝できるぞ」*3と声をかけ、夏に向けての自信を見せていた。

実際、夏の西東京大会では、出場校トップとなるチーム打率4割5分1厘を記録。決勝以外はすべてコールド勝ちという圧倒的な強さで勝ち上がった。さらに、6試合中5試合無失点という点から見ても、この夏の日大三の得点力や投手力を含めたチーム力は甲子園開幕前から凄《すさ》まじかった。夏の甲子園本大会に進んでもその勢いは止まらず、トップバッターの都築《つづき》克幸（元・中日ドラゴンズ）は打率5割7分1厘・2本塁打・9打点を記録。クリーンナップを見ても、3番内田和也（元・埼玉西武ライオンズなど）は打率4割1分7厘・2本塁打・5打点、4番原島正光は打率5割1分9厘・3本塁打・10打点、5番齋藤達則は打率4割7分4厘・6打点を記録した。

1回戦の樟南戦はトップバッターの都築が5打数5安打、主砲原島のスリーランホームランを含む5打点などもあり、21安打・11得点で打ち合いを制する。2回戦の花咲徳栄戦では初回からエース・近藤一樹（元・東京ヤクルトスワローズなど）が打ち込まれていたなかで、3回に原島のホームランなどで逆転し、その勢いのまま17安打・11得点で逆転勝ち。2番手の左腕・

清代渉平《きよしろしょうへい》が5回2／3を投げて9奪三振で花咲徳栄打線の勢いを止め、好リリーフを見せる。投手陣の厚みも見せつけながら勝利を引き寄せた。

3回戦の日本航空戦は、のちに日本ハムファイターズに入団し新人王も獲得する好投手、八木智哉《ともや》から大技小技で9安打・7得点を記録した。投げては近藤が8回を146球・11奪三振・1失点と好投し、最後は清代が締めた。

準々決勝の明豊戦は内田の2試合連続ホームランを含む、17安打・9得点を記録。投げては千葉英貴《ひでき》（元・横浜DeNAベイスターズ）が、6回を92球・9奪三振・2失点という好投を見せた。準決勝の横浜戦では先発、福井良輔から初回にいきなり3点を奪い、4回にも3点を追加するも、9回に近藤が横浜打線に捕まり6対6の同点に。しかし、9回裏に福井から代わった畠山太《はたけやまふとし》を攻め立てノーアウト1、3塁とすると、諸角が初球をライト前に打ち返し、それがサヨナラタイムリーとなった。この試合も終盤に追いつかれる乱打戦となったが、16安打・7得点と、最後は畠山を攻略して決勝進出を決めた。

決勝で対決した近江は、竹内和也、島脇信也、清水信之介の3投手を擁する投手力の高いチームとして知られていた。実際、この試合では終始日大三がリードする展開も、6回まで2対1の接戦だった。しかし日大三は7回、近江の2番手の島脇から四死球を一つずつもらうと、都築のバントが内野安打となる。その後、野崎将嗣《まさつぐ》の内野ゴロの間に1点を追加し、内田が倒れて二死となった場面で原島が4番らしくチャンスで軽打を放ちさらに1点を追加した。耐え抜いていた近江は、最後の最後に日大三の強力打線に捕まり力尽きた。

結果、日大三は10安打・5得点を記録。近江の投手力の高さを打撃力で上回る結果になった。大会を通して1試合平均15安打、8点強の得点力が計算できる日大三の打力は、相手チームからすると、リードしていても脅威に感じていたに違いない。さらに近藤と千葉の二枚看板は、二人ともプロ入りするほどの実力を持っていた。近藤は大会を通して防御率2・97を記録。精神的な部分が課題とされていたが、この甲子園で大きく成長を遂げた。序盤は不安定だった投手陣だが、大会が進むごとに安定感が増した。近藤、千葉の二枚に加え、左腕の清代もいたことから、打撃の印象が強いなかで投手陣の層も厚かった。

21世紀最初の夏は、大会記録の更新もあったなかで、前年の智弁和歌山と同様に複数の投手を活かした日大三が優勝し、準優勝の近江も日大三以上の継投策で決勝まで勝ち上がったことから、2000年代序盤ながらも投手起用の考え方が変わりつつある時期だったことがわかる。それに加え、智弁和歌山も日大三も、打撃力でも歴代最高クラスであった。複数の投手+強力打線が高校野球の新しいトレンドになりつつあった。

本塁打ゼロでも「木内マジック」で全国制覇――2003年の常総学院

2003年5月18日、1984年から常総学院の監督を務め、同校を名門に育て上げた木内幸男氏は「選手を育てる気力がなくなった」ことを理由に、同年夏の大会を最後に勇退すると表明する。前年は同じく名将の馬淵史郎氏が率いる明徳義塾に3回戦で敗戦。その年のエースだった飯島秀明は茨城大会から絶不調であり、わずか1回1/3しか登板機会を与えられなかった。しかし、2003年の常総学院は投手陣を中心に大きく飛躍を遂げた。夏の甲子園で6試合を戦ってチームの本塁打はゼロ。木内氏の土壇場での大胆な采配が冴《さ》え、目利きのよさ、チーム力、総合力で頂点に立った。とくに投手陣は、エースの磯部洋輝、復活を遂げた前年エースの飯島、仁平翔の3投手がおり、ダルビッシュ有を中心とした3投手で勝ち上がった東北に負けない投手力を誇っていた。

常総学院（2003年夏）大会戦績

1回戦：常総学院 2－1 柳ヶ浦《やなぎがうら》

2回戦：常総学院 6－3 智弁和歌山

常総学院(2003年夏)大会オーダー・成績

オーダー　打撃・投手成績

打順	守備位置	選手	試合	打数	安打	打率	本塁打	打点
1	左	平野直樹	6	21	5	.238	0	0
2	中	泉田正仁	6	24	11	.458	0	2
3	遊	坂克彦	6	20	7	.350	0	3
4	一	松林康徳	6	18	7	.389	0	3
5	右	吉原皓史	4	13	3	.231	0	2
6	捕	大崎大二朗	6	17	5	.294	0	3
7	二	井上翔太	6	15	3	.200	0	4
8	三	宮田竜一郎	6	20	4	.200	0	2
9	投	磯部洋輝	5	6	1	.167	0	1
	控	飯島秀明	5	9	2	.222	0	0
	控	藤崎浩太	2	6	2	.333	0	0

チーム打率.299

		選手	登板	投球回数	奪三振	自責点	防御率	
		磯部洋輝	5	23回	11	5	1.96	
		飯島秀明	5	22回2/3	14	1	0.40	
		仁平翔	2	8回1/3	8	2	2.16	

チーム防御率1.33

守備陣形

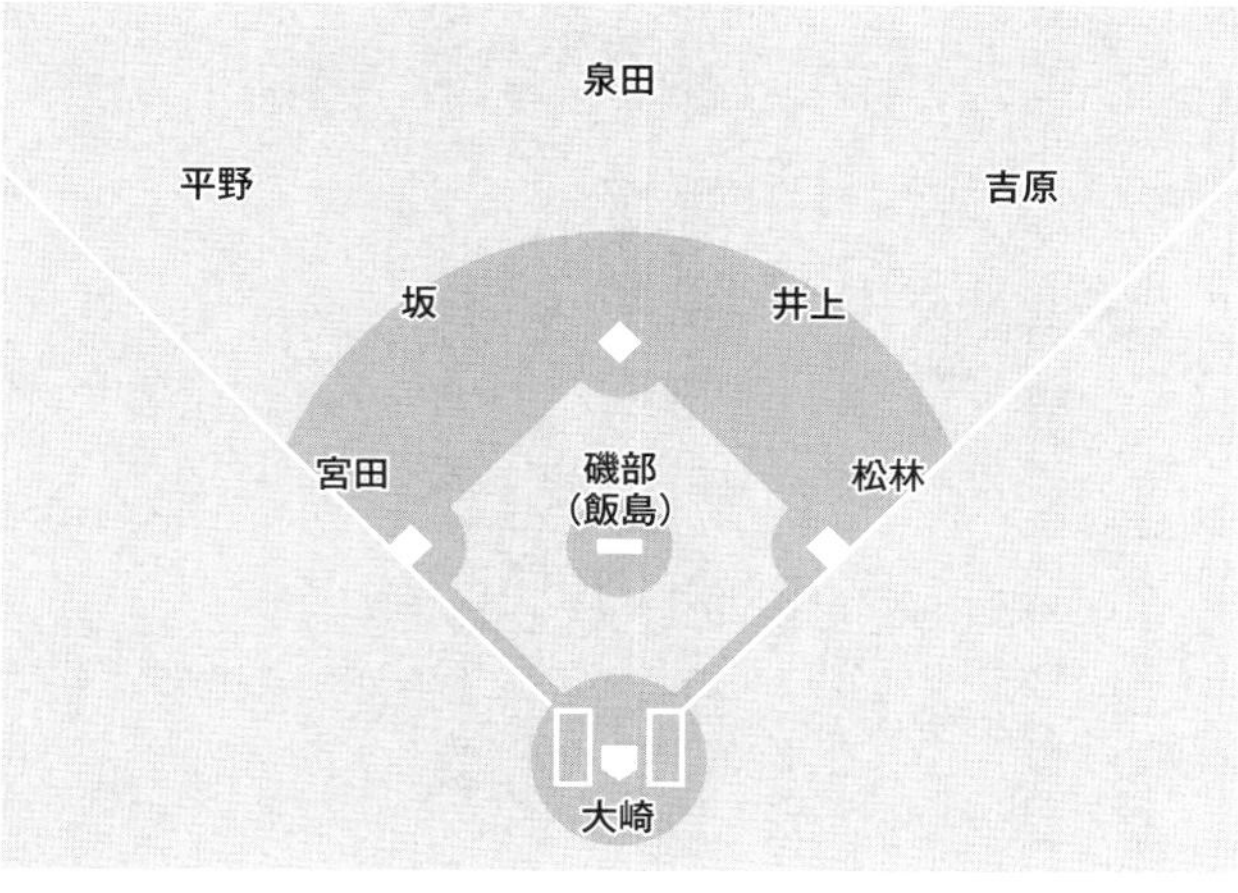

3回戦　：常総学院　7－0　静岡
準々決勝：常総学院　5－1　鳥栖《とす》商業
準決勝　：常総学院　6－2　桐生第一
決勝　　：常総学院　4－2　東北

2003年の夏の甲子園は3日続けての天候不良が影響し、度重なる日程変更があった。そうしたことのあおりか、春夏連覇に挑んだ広陵はもちろんのこと、夏連覇を目指した明徳義塾、平安、智弁和歌山、近江、PL学園といった名門校が次々と姿を消した。

そんな夏の常総学院の甲子園の戦績を振り返ると、初戦の柳ヶ浦戦は、エースの磯部が丁寧に低めをつくピッチングで、4安打・1失点の好投を見せる。打線は5回に二死2、3塁から井上翔太が2点タイムリーツーベースを放つ。結果的には、このワンチャンスを活かして勝利に結びつけた。

続く2回戦は、前年夏準優勝の智弁和歌山。高嶋監督と木内監督の名将同士の対戦となった。この大会屈指の好カードは、息詰まる接戦となる。常総学院は初回から智弁和歌山の滝谷陣《じん》を攻め立て、タイムリーとエラーで2点を先制する。智弁和歌山に4回の加藤年輝のタイムリーとパスボールで追いつかれると、この回に磯部から飯島へとつないだ。その後の5回に常総学院の木内マジックが炸裂《さくれつ》する。2番泉田正仁、3番坂《さか》克彦（元・阪神タイガース）の連打と犠打で2、3塁のチャンスを作ると、二死後に県大会でほとんど出番がなかった上田博司を代打で出場させる。その上田の打球は相手のエラーを誘い、2点を勝ち越す。その後、両校譲らない展開となり、常総学院が3点のリードで最終回を迎える。智弁和歌山は一死満塁で4番の本田将章《まさあき》に回る。飯島は本田に対して、アウトコースへの丁寧な投球で追い込むと、最後は必殺のスライダーで三振に打ち取る。続く5番の山崎宏員《ひろかず》もファーストフライに打ち取り、常総学院が接戦を制した。この試合で好リリーフを見せた飯島は、昨年から続く不調から完全復活を果たし、3回戦以降もフル回転の活躍を見せる。

続く3回戦の静岡戦は、序盤から常総学院が試合巧者ぶりを見せる。この試合では、甲子園初登板の仁平が先発のマウンドを任される。ここでも木内氏の思いきりのよさが感じられる起用法が見られた。仁平は期待に応え、6回二死までノーヒットピッチングをする。静岡からすると、磯部や飯島を想定していたなかで、意表をつかれたことだろう。7回途中からは飯島がピンチの場面で好リリーフを見せ、静岡に流れを渡さなかった。打線は2回、3回に振り逃げをきっかけに足を絡めて、1安打で3点をあげる。その後も得点を積み重ねてリードを広げて完勝した。

準々決勝の鳥栖商業戦では、磯部が3回に荒木直也にタイムリースリーベースを打たれて、この大会初の先制を許す。この展開でも常総学院ナインは落ち着いていた。その裏にスクイズで追いつくと、二死3塁から泉田のタイムリースリーベースで勝ち越す。4回は5番に抜擢《ばってき》された藤崎浩太のツーベースでチャンスを作り、追加点をあげる。藤崎はこの試合2本のツーベースと2得点の活躍を見せた。さらに、6回には無死2、3塁から大崎大二朗のスクイズで追加点をあげた。大技から小技まで駆使する巧みな攻撃で鳥栖商業を圧倒した常総学院は、磯部から飯島への必勝リレーで勝利し、準決勝進出を決めた。

準決勝は桐生第一との関東勢同士の対戦。先発の仁平は、初回から先制点を許す苦しい立ち上がりになり、2回までに両校ともに長打を活かして2点ずつあげた。ここで常総学院は、流れを変えるために飯島にスイッチ。この飯島がロングリリーフで5イニングを無失点に抑えるピッチングを見せる。それに応えるように打線は、4回に一死2塁から井上のタイムリースリーベースで勝ち越し、続く大崎の犠牲フライで追加点をあげた。さらに、5回にも二死から3連続長短打で2点を加え、試合を決めた。最後は磯部が桐生第一打線に対して、2イニングを完璧に抑えて決勝にコマを進めた。

決勝の相手は東北。東北は、ダルビッシュ有、真壁賢守《けんじ》、采尾《うねお》浩二の3投手を中心に勝ち上がった。先制点をあげたのは東北だ。2回に4番の横田崇幸《たかゆき》から3連続ツーベースで2点をあげるが、ここで常総学院は守備で魅せる。東北はチャンスを広げようとバントをするも、常総学院の固い守備の前に送れずに終わる。先制を許し、ダルビッシュに抑え込まれていたが、木内氏は4回のダルビッシュを見て「この回いけるな」とベンチで言ったという。木内氏が当時を振り返って「9回を一生懸命投げないもの。必ず休むところを作るんですよ。それがつけめだったの」「ダルビッシュ君に大丈夫みたいなゆとりが見えた」と語る通り、[*4]常総学院はこれまでの手堅い野球ではなく、強硬策でダルビッシュを攻略する。先頭の平野直樹は内野安打で出塁。泉田が倒れた後、「ビデオで見たときより、明らかに速くない」[*5]と感じたという坂は左中間にツーベースを放ち、一死2、3塁。次のバッターの松林がたたきつけた打球はサードゴロになり、1点を返す。松林は練習のときに木内から「甲子園ヒットって知ってるか?」と言われたことを思い出したという。甲子園のグラウンドは雨天も考えた固い作りであることから、ボールが跳ねやすいため、たたきつければポーンと跳ねて内野安打があると言われたことを思い出したのだ。続く吉原皓史は、ダルビッシュがサイドスローになったときのシュート回転のボールを狙い、レフト線に同点となるツーベースを放った。さらに大崎は、前の打席でストレートをヒットにしていることから、変化球狙いで打席に入る。その狙い通りスライダーを右中間に運び、逆転に成功した。

ただ、この時点ではまだ1点差で流れはわからなかった。そんななか2番手の飯島は、この大会の常総学院の強さを象徴するように、無失点の好投を見せる。中盤から終盤にかけては飯島とダルビッシュの投手戦となった。ダルビッシュを援護したい東北打線は、飯島の疲れが見えた7回にチャンスを作る。二死からヒットと四死球で満塁として、4番の横田を迎える。横田は飯島の抜け球を逃さず捉えたが、無情にもショートライナーとなり、チャンスを活かしきれなかった。その裏の常総学院は、一死から出塁した坂が、暴投で進塁する。続く松林がライト前に放ち、東北のライト家弓《かゆみ》和真がもたつく間に追加点をあげた。援護をもらった飯島は、その後ヒットを許さずに、夏の胴上げ投手となった。

過去に、KKコンビ（桑田真澄《ますみ》・清原和博）を擁したPL学園を破り全国制覇を成し遂げた名将は、この大会でものちにプロ野球でトップクラスになるダルビッシュを攻略し、全国制覇した。この世代は、派手さこそなかったものの、失策2の堅実な守備や犠打17を記録した丁寧なバントなどの基本的な部分は、どの高校よりも頭抜けていた。このベースとなる部分があるなかで、木内氏の勝負勘と選手を見る目は、さすがのものだった。とくにフル回転で活躍した飯島は、不調からこの甲子園で大復活を遂げる。この立役者に対し、木内氏は「神様、飯島さま、あそこまでやるとはビックリだね」[*6]とコメントを残した。優勝投手復活の裏にはこのようなことがあったと、大崎は回想する。

「甲子園出場が決まったあと、監督さんに呼ばれて『飯島を再生させないと甲子園では勝てないぞ。何とかしろ』って言われて。それを飯島に伝えたら、ものすごい喜んじゃって。干されたと思ってたんじゃないですか」[*7]

大崎と飯島はこの年、調子がよかったときの映像をチェックし、腕を下げアンダースロー気味にするなど技術的な修正を行っていた。しかし木内氏が求めていたのは、むしろ「ものすごい喜んじゃって」という心の変化のほうだった。このように、選手の実力を認めて引き出す力もあることがわかる。戦っていくなかで、試合の状況によって選手に考えさせるなど、アドリブ力もつけさせた。木内氏は、まさに高校野球における勝てるチームづくりに適した名将だったと言えるだろう。

「勝負強さ」が呼んだ春夏連覇の挑戦──2004年の済美《さいび》

21世紀に入り、初めて春夏連覇にあと一歩のところまで勝ち上がったのは、2004年の済美だ。この年の済美は、センバツではチーム打率2割4分4厘ながらもここ一番の集中力の高さで勝ち上がり、史上最速となる創部3年目での悲願の初出場・初優勝を果たした。また、「『やれば出来る』は魔法の合いことば」という歌詞の校歌も話題となった。

済美（2004年春）大会戦績

1回戦　：済美　9－0　土浦湖北
2回戦　：済美　1－0　東邦
準々決勝：済美　7－6　東北
準決勝　：済美　7－6　明徳義塾
決勝　　：済美　6－5　愛工大名電

センバツでは打線に派手さはなかったものの、大会序盤はエース・福井優也（元・東北楽天ゴールデンイーグルスなど）の頑張りにより勝ち上がり、準々決勝以降は長打力がある鵜久森淳志《うぐもりあつし》（元・東京ヤクルトスワローズなど）や主将の高橋勇丞《ゆうすけ》（元・阪神タイガース）、野間源生《げんき》を中心とした打線を活かして初優勝した。

済美（2004年春）大会オーダー・成績

オーダー　打撃・投手成績

打順	守備位置	選手	試合	打数	安打	打率	本塁打	打点
1	右	甘井謙吾	5	23	4	.174	0	1
2	一	小松紘之	5	20	4	.200	0	0
3	中	高橋勇丞	5	19	3	.158	1	4
4	左	鵜久森淳志	5	21	8	.381	2	6
5	捕	西田佳弘	5	17	3	.176	0	0
6	二	野間源生	5	16	6	.375	0	4
7	三	田坂僚馬	5	20	6	.300	0	6
8	遊	新立和也	5	14	4	.286	0	4
9	投	福井優也	5	17	3	.176	0	2

チーム打率.244

		選手	登板	投球回数	奪三振	自責点	防御率	
		福井優也	5	44回	43	13	2.66	
		藤村昌弘	1	1回	0	0	0.00	

チーム防御率2.60

守備陣形

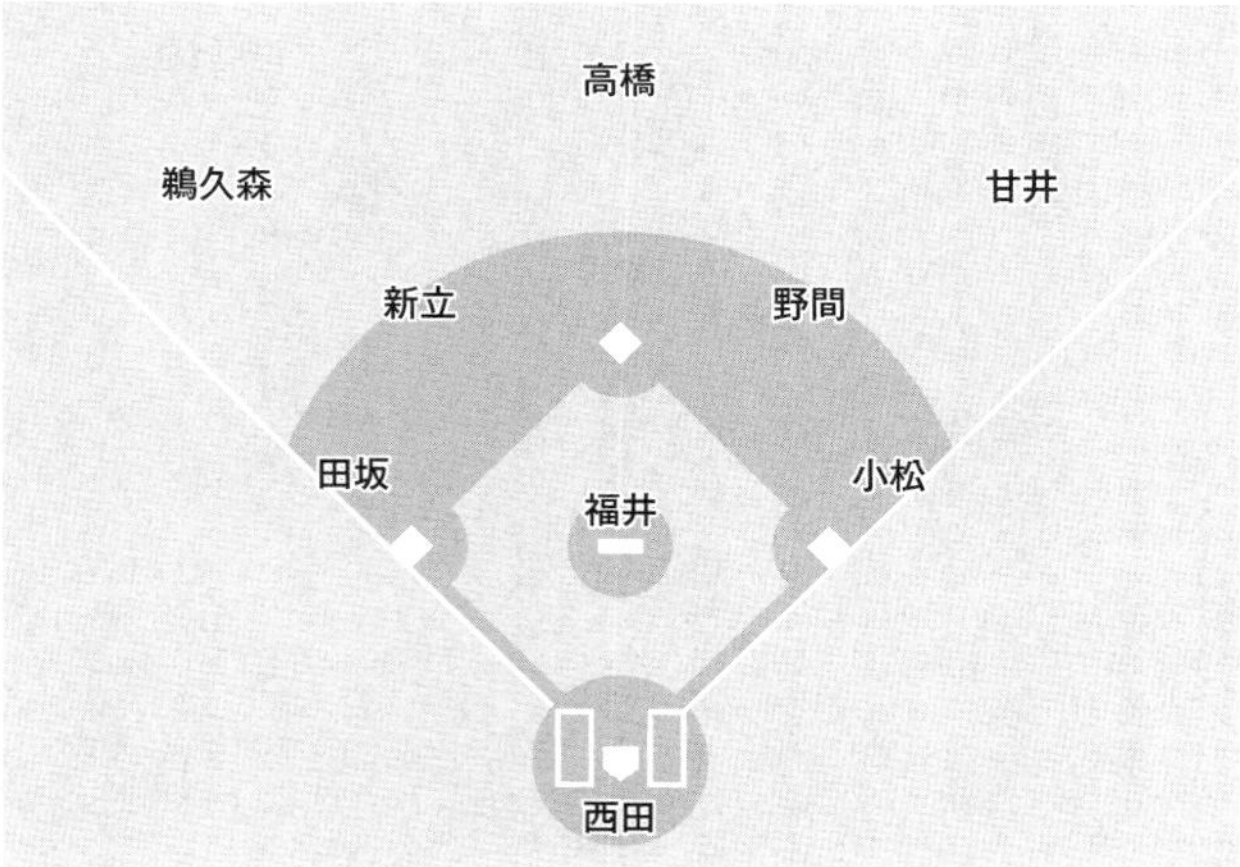

センバツ初戦の相手は関東王者の土浦湖北。初回から須田幸太（元・横浜DeNAベイスターズ）を攻め立て、高橋が四球を選び、鵜久森のタイムリーツーベースで先制。さらに3回には四球を挟む4連打で4点を奪い、4回には鵜久森のツーランホームランが飛び出し、試合を決めた。最終的には13安打・9得点、投げては2年生エースの福井が9回を3安打・10奪三振の完封という完勝だった。土浦湖北は須田が故障を抱えながら投げていたが、済美打線を抑えられなかった。この試合で済美は甲子園初勝利をあげた。

2回戦の東邦との試合は投手戦となった。済美は、3回に福井のヒットから送りバントでチャンスを広げ、高橋の大会初安打となるタイムリーで先制。その後は福井と東邦の岩田慎司（元・中日ドラゴンズ）の投手戦となり、1対0のスコアのまま試合が進んだ。東邦は福井から再三チャンスを作るが無得点に終わり、7回には一死1、3塁のチャンスでスクイズを試みるも、済美が堅い守備を見せてホームタッチアウト。内容的には、岩田が107球・5安打・10奪三振と、152球・7安打・10奪三振の福井を上回るが、1点が遠く敗退した。福井は粘りのピッチングで、1998年の松坂大輔以来となる2試合連続完封を決めた。

準々決勝は、前年夏の甲子園準優勝でダルビッシュ有と真壁賢守の二枚看板を擁する東北。この試合はセンバツ史上で見ても、屈指の好ゲームとなった。ダルビッシュは初戦でノーヒットノーラン、真壁は2回戦で好リリーフを見せており、この試合は真壁が先発となった。3連投の福井は、初回にあっさり大沼尚平のスリーランホームランで3点を失う。2回にも追加点を許し、東北ペースで試合が進む。済美は3回に鵜久森がレフトスタンドにツーランホームランを放つ。しかし、東北は6回、8回と1点ずつ積み重ねて、2対6で9回を迎える。ここで監督の上甲正典氏は「ようやった。何も言うことはない。ただ、このまま終わってしまったら何も今後につながらない。最後に1点だけ取って、意地を示そうじゃないか」[*8]と檄を飛ばす。ここから奇跡の大逆転劇が始まった。野間がヒットで出塁し、田坂僚馬《りょうま》のライトオーバーのスリーベースヒットで1点を返すと、さらに内野ゴロの間に追加点をあげて2点差にする。その後、疲れが見えはじめた真壁から、二死無走者の場面で、甘井謙吾と小松紘之《ひろゆき》の連打でチャンスを作る。そして、高橋が134㎞/hのストレートを思いっきり振り抜いた打球は、レフトを守るダルビッシュの真上に飛んでスタンドに入るサヨナラスリーランホームランとなった。まさに奇跡的な逆転サヨナラ勝ちで準決勝進出を決めた。

この勝利で勢いに乗る済美は、準決勝で前年秋の四国大会準決勝と同様に明徳義塾と対戦。この年の明徳義塾は鶴川将吾や梅田大喜《ひろき》といった2002年夏の優勝メンバーを中心に勝ち上がった。済美はその明徳義塾のエース鶴川と2番手の松下建太（元・埼玉西武ライオンズ）を序盤に攻略。3回までに6点差をつけた。だが、明徳義塾も意地を見せる。済美の福井は疲労がピークに達しており、6回裏に6本の長短打で同点に追いつかれる。しかし、8回に一死からエラーで出塁した野間が二盗、三盗を決め、その後、悪送球の間にホームイン。これが決勝点となった。済美はこの試合、8回だけで3盗塁を決めて、試合巧者明徳義塾の守備のリズムを狂わせた。

決勝で対戦した愛工大名電は、初戦で1試合最多犠打となる10を記録。さまざまな局面で犠打を成功させ、相手チームを翻弄してきた。また、この試合は雨天により大きく開始時間が遅れ、史上初のナイトゲームの決勝戦となった。初回からゲームは動く。済美は相手のエラーでチャンスを作ると、愛工大名電先発の斉賀洋平から鵜久森のタイムリーで先制。2回には2番手の江上達也から福井が2点タイムリーツーベースを放ち、追加点をあげる。さらに3回にも1点を追加し、4点差をつけた。愛工大名電は3回にエラーと犠牲フライ、佐々木孝徳のタイムリーで1点差にする。4回以降、愛工大名電は3番手のエースの丸山貴史《たかし》(元・東京ヤクルトスワローズ)が好投を見せ、済美は福井が踏ん張る形になったが、8回に愛工大名電が福井を攻め立て、丸山の2点タイムリーで再度1点差にするも、最後は追いつけずに終わった。5連投の福井は、117球の粘りの投球で最後まで投げきった。済美はこの大会で須田や岩田、丸山といった、のちにプロ入りした好投手を攻略、また、前年から注目されていた真壁や鶴川も攻略し、満遍なく好投手に集中打を浴びせて勝ち上がった。とくに、東北戦のサヨナラ勝ちで一気に勢いがついたと言えるだろう。

準々決勝以降は名門校との1点を争う接戦に勝利していることから、成績以上の強さを感じられるチームだった。校歌の歌詞『やれば出来る』は魔法の合いことば」を実践した形になり、甲子園を通じて済美の旋風を巻き起こし、創部3年目で春の頂点に立った。

済美（2004年夏）大会戦績

2回戦　：済美 11－8 秋田商業
3回戦　：済美 6－0 岩国
準々決勝：済美 2－1 中京大中京
準決勝　：済美 5－2 千葉経大附
決勝　　：済美 10－13 駒大苫小牧

春夏連覇を目指した夏の甲子園で済美は、前年夏準優勝の東北や、涌井《わくい》秀章（現・中日ドラゴ

済美(2004年夏)大会オーダー・成績

オーダー　打撃・投手成績

打順	守備位置	選手	試合	打数	安打	打率	本塁打	打点
1	中	甘井謙吾	5	20	9	.450	1	3
2	右	小松紘之	5	21	10	.476	1	7
3	一	水本武	5	15	4	.267	0	2
4	左	鵜久森淳志	5	18	10	.556	3	8
5	捕	西田佳弘	5	17	9	.529	0	6
6	二	野間源生	5	20	2	.100	0	2
7	三	田坂僚馬	5	15	6	.400	0	4
8	遊	新立和也	5	16	5	.313	0	1
9	投	福井優也	5	15	7	.467	0	1

チーム打率.390

		選手	登板	投球回数	奪三振	自責点	防御率	
		福井優也	5	42回1/3	21	19	4.04	
		藤村昌弘	1	1回2/3	1	0	0.00	

チーム防御率3.89

守備陣形

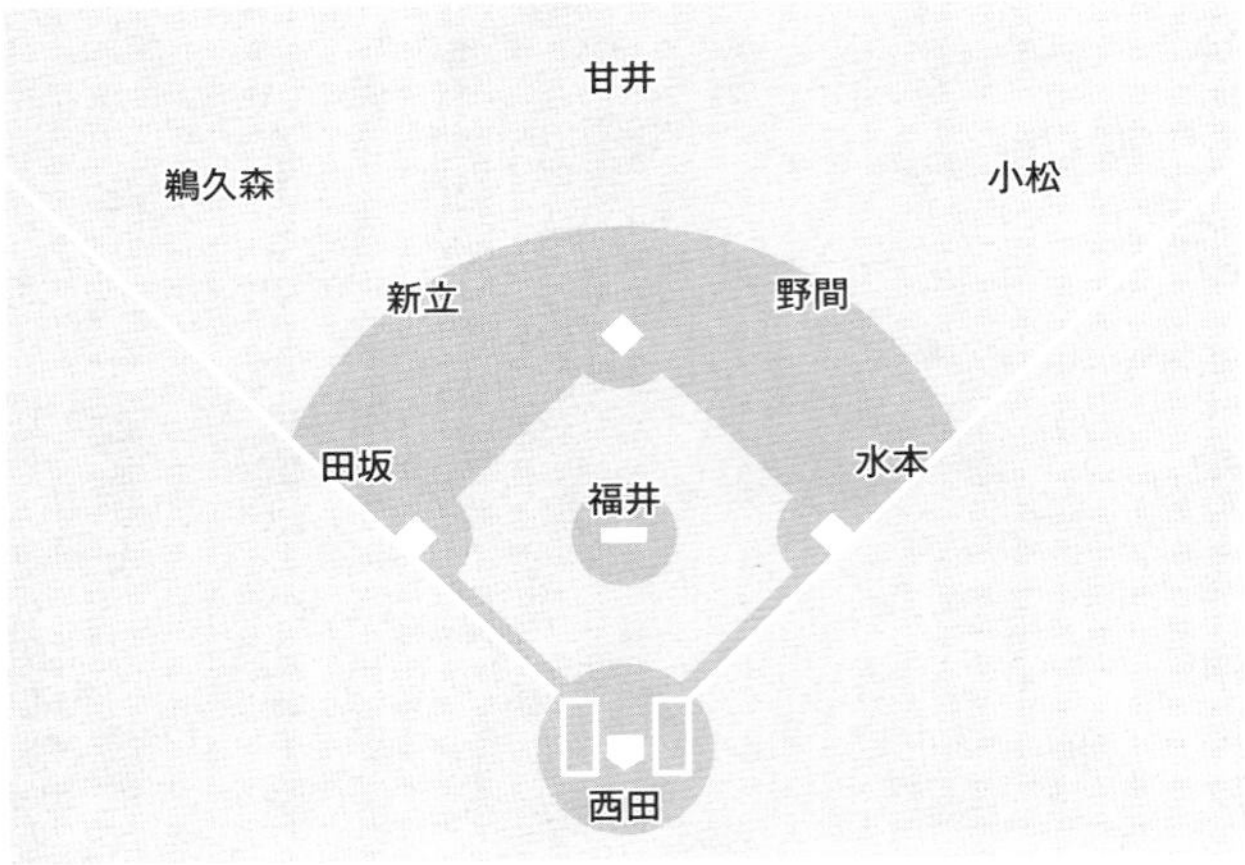

ンズ）を擁する横浜と同様に、大会前の下馬評では優勝候補だった。夏の甲子園でのチーム打率は3割9分を記録し、センバツと比較して約1割5分上がった。高橋が不在ながらも鵜久森や甘井、小松、西田を中心とした強力打線で勝ち進んだ。その打力は全国の舞台の初戦から発揮される。まず2回戦の秋田商業との試合では、大会注目の好投手・佐藤剛士《つよし》（元・広島東洋カープ）を相手に全員安打となる14安打・11得点をたたき出す。この試合での済美は福井が乱調で8失点（自責点6）を喫したものの、高校通算47本塁打の強打者、鵜久森は1本塁打・3打点と4番らしい打撃でエースの不調をカバーした。そのほかにも、小松、水本武、田坂がそれぞれ2打点を記録。センバツと同様に好投手を攻略し、春夏連覇に向けて好発進した。

3回戦の岩国戦は、2回に田坂と新立和也の長短打で先制。3回には小松のタイムリーと鵜久森の2試合連続となるスリーランホームランで試合を決めた。投げては福井が完封した。準々決勝の相手は中京大中京。中京大中京は、愛知県大会の準々決勝で済美がセンバツの2回戦で対戦した東邦を下し、また準決勝では、済美が決勝で対戦した愛工大名電を下して甲子園出場を決めたチーム。エースの小椋《おぐら》健太は岩田や丸山に投げ勝つほどの好投手だ。この試合は二度の雨による中断があった。初回に甘井が先頭打者ホームランで先制。その後は息詰まる投手戦になった。9回に済美は新立のヒットと福井の送りバントでチャンスを広げる。ホームランを打っている甘井は歩かされ、二死1、2塁の場面で最後は小松が左中間へのサヨナラタイムリーを放ち、済美が勝利した。福井は粘りのピッチングで1失点に抑え、投手戦を制した。

準決勝は、3回戦でダルビッシュに投げ勝った松本啓二朗（元・横浜DeNAベイスターズ）を擁する千葉経大附との対戦となった。疲れが残る福井は、5回までに2点を失った。ビハインドで苦しい展開の済美は、松本に疲れが見えはじめた6回に鵜久森のホームランで1点を返す。さらに7回には、甘井が同点打を放ち、二死1塁から小松がタイムリーツーベースを放って勝ち越した。8、9回には内野ゴロで追加点をあげるなど、そつのない攻めを見せ、春夏連覇に向けてあと1勝とした。しかし、このときにはすでにエースの福井は疲労困憊《こんぱい》していた。

決勝の相手は、済美と同じく強力打線を擁する駒大苫小牧。この試合は、球史に残る打ち合いの決勝戦となった。まずは済美が先頭打者の甘井のヒットからチャンスを広げ、西田佳弘の2点タイムリーツーベースで先制する。2回にも3点を追加し、済美ペースで試合が進むかと思われた。しかし、福井は駒大苫小牧打線に捕まり、3回に2点、4回に3点を失い、逆転される。意地を見せる済美は5回に追いつき、6回に小松のホームランを含む攻撃で3点を奪い再びリードした。しかし、2番手の藤村昌弘が駒大苫小牧打線の勢いを止められず、7回に再逆転を許す。その後、両校8回に1点ずつ得点をあげるも、最後は鵜久森がショートフライに倒れ、あと一歩のところで春夏連覇を逃した。両チーム合わせて23得点という乱打戦を、福井と藤村から13点を奪った駒大苫小牧が制した。野手の力自体は大差ない両校だったが、このような試合展開になった一つの要因は、福井が決勝戦までに投げすぎたことだ。2004年の福井は甲子園で春夏合わせて1381球（春705球・夏676球）を投げており、疲労がたまっていることは誰の目から見ても明らかであった。福井以外に長いイニングを投げられる2番手投手を育てられなかったことが大きな問題で、決勝で対戦した駒大苫小牧と比較しても分が悪かった。

歴史を変える強力打線――2004年の駒大苫小牧

2004年の夏の駒大苫小牧は、春夏連覇を狙っていた済美と同等の打力を持ち合わせていた上、投手陣には岩田聖司と鈴木康仁の両左腕と翌年のエースを担う松橋拓也、登板機会がなかった吉岡俊輔などを含め6人がいた。

駒大苫小牧（2004年夏）大会戦績

2回戦　：駒大苫小牧　7－3　佐世保実業

3回戦　：駒大苫小牧　7－6　日大三
準々決勝：駒大苫小牧　6－1　横浜
準決勝　：駒大苫小牧　10－8　東海大甲府
決勝　　：駒大苫小牧　13－10　済美

打撃陣は10打数以上だった打者で、4割以上の打率を記録した選手が7人いた（糸屋義典、桑島優、林裕也、沢井義志《ただし》、鈴木康仁、佐々木孝介、五十嵐大）。加えて、全試合で二桁安打を記録しており、チーム打率4割4分8厘は歴代最高記録である。打線の中心にいた糸屋は、歴代最高となる大会通算打率7割はもちろんのこと、決勝戦であわよくばサイクルヒットを達成する勢いの活躍を見せた。打力が目立っていたなかで、送るべき場面でしっかりと送れるバントの上手さも際立った。守備面を見ても、失策はわずかに1。雪国で鍛え上げられた鉄壁のディフェンス力が光った。岩田聖司・鈴木康仁の両左腕を中心とした投手陣は、成績だけで見ると防御率は5点台前後と高いが、どちらかが完投した試合は1試合もない。そのため、両投手が打たれてもリリーフに長いイニングを任せることができた。

戦績を振り返ると、初戦となった2回戦の佐世保実業戦では、先発の岩田が3回に村田金彦

駒大苫小牧(2004年夏)大会オーダー・成績

オーダー　打撃・投手成績

打順	守備位置	選手	試合	打数	安打	打率	本塁打	打点
1	中	桑原佳之	5	22	7	.318	0	1
2	右	沢井義志	5	23	11	.478	1	6
3	二	林裕也	5	18	10	.556	1	8
4	左	原田勝也	5	13	3	.231	0	2
5	捕	糸屋義典	5	20	14	.700	1	7
6	遊	佐々木孝介	5	21	9	.429	0	7
7	一	桑島優	5	18	10	.556	0	2
8	投	岩田聖司	5	8	1	.125	0	2
9	三	五十嵐大	5	19	8	.421	0	4
		鈴木康仁	5	11	5	.455	0	2

チーム打率.448

		選手	登板	投球回数	奪三振	自責点	防御率	
		岩田聖司	5	21回2/3	25	12	4.98	
		鈴木康仁	5	20回2/3	23	13	5.66	
		松橋拓也	1	2回2/3	4	3	10.13	

チーム防御率5.60

守備陣形

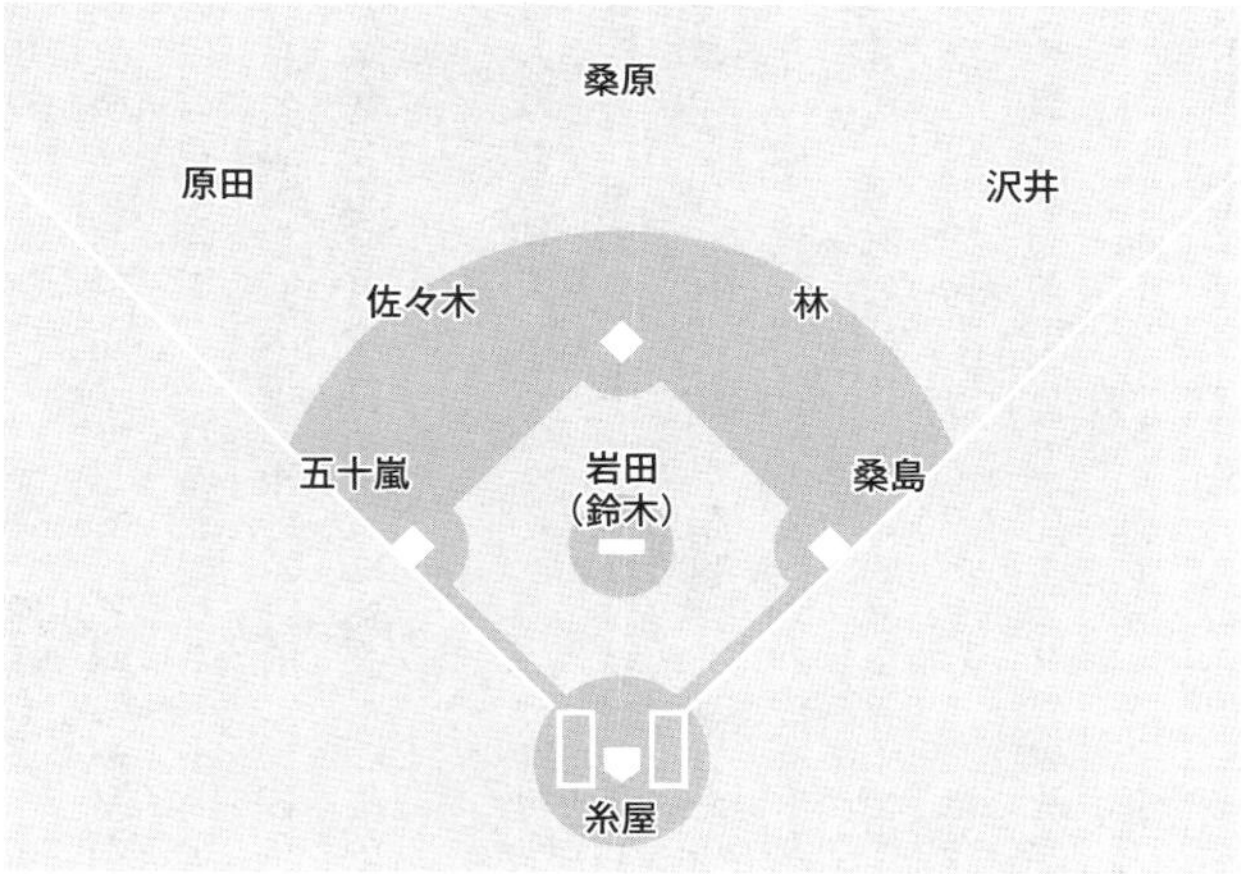

に先制ホームランを許す。しかしその裏、すぐさま沢井のツーランホームランで逆転する。4回には追いつかれるも、その裏に内野ゴロの間に1点をあげ勝ち越し。そして、5回に糸屋がタイムリーツーベースを放って追加点をあげる。糸屋はこの試合で、3打席連続ツーベースを記録した。その後も攻撃の手を緩めず、15安打・7得点を記録して快勝。先発の岩田は、8回を3失点に抑え、最後は鈴木が締めて勝利した。この試合で北海道勢通算50勝に到達。ここから、駒大苫小牧の伝説が始まる。

3回戦は2回戦でPL学園との名門対決を制した日大三との対戦になった。この試合は初回に二死から原田勝也のタイムリーツーベースで先制する。2回にも一死2、3塁の場面で五十嵐が2点タイムリーを放つ。しかし、日大三も黙ってはいない。3回に松島侑也《ゆうや》が、初戦から8打席連続安打となるツーベースでチャンスを作る。その後二死1、3塁の場面で、佐々木大輔のフェンス直撃のタイムリーツーベースで1点を返すと、さらに山中一大《かずひろ》のタイムリーで1点差に追い上げる。岩田が続く後藤将延に四球を与えたところで鈴木にスイッチする。二死満塁の場面で、鈴木は高木智也を三振に打ち取った。その裏に駒大苫小牧は一死1、3塁のチャンスで林裕也が犠牲フライを放ち、突き放す。その後は互いに譲らず終盤に進むが、2点差で迎えた8回に鈴木が日大三打線に捕まった。先頭の千田隆之にツーベースを打たれると、そこから二死満塁となる。ここで鈴木に2三振と抑え込まれていた高木がレフト前にタイムリーを放つと、続く秦《はた》裕太のセーフティスクイズで追いつく。日大三に流れがいくかと思われたが、次の浅香明生《あきお》のスクイズの場面で、駒大苫小牧のバッテリーは外して三振ゲッツーに抑え、流れを渡さない。追いつかれた駒大苫小牧はその裏、先頭の糸屋が初球を打ち返しヒットで出塁すると、続く林が丁寧に送り、2番手の小田和範から鈴木の自らを助けるタイムリーで勝ち越す。その後、五十嵐が送って桑原と沢井の連続タイムリーで3点差にする。援護をもらった9回の鈴木だが、二死満塁の場面で後藤に1点差となる2点タイムリーを打たれてしまう。なお二死1、3塁で8回にヒットを打たれている高木を迎える。一打同点、長打が出れば勝ち越される場面で、鈴木は最後の力を振り絞って三振に打ち取り、両チームともに二桁安打を記録した接戦を制した。

駒大苫小牧は攻撃に派手さはなかったものの、丁寧さとしぶとさで着実に得点を積み重ねた。一方の日大三は、前半の凡ミスが響き、最終的には打ち負ける結果となった。駒大苫小牧は、この試合の勝利でさらに勢いづく。

準々決勝の横浜戦は、この大会で屈指の好投手と呼ばれた涌井秀章との対戦。また、野手陣にはこの甲子園で7割を超える打率を記録した石川雄洋《たけひろ》（元・横浜ＤｅＮＡベイスターズ）がいるなど投打ともに充実しており、優勝候補の筆頭だった。涌井は、この大会では初戦の報徳学園戦からずっと一人で投げ続けていた。報徳学園戦では、9回で121球投げ、京都外大西戦では延長11回で155球投げた。接戦となった明徳義塾戦も9回で147球投げたが、この試合はまさかの5失点を記録。すでに400球以上を投げていたことから、立ち上がりから疲れが見えており、ボールの威力はほとんどない状態だった。駒大苫小牧は、その涌井を試合序盤から攻め立てた。3試合連続で二桁奪三振を記録した涌井のボールに振り負けず、奪われた三振は4に留めた。林はサイクルヒットと4打点を記録する活躍を見せ、先制となるホームランや、1点返された後の7回に二死1、2塁からサイクルヒットを決める5点目となるタイムリーを放つなど、いい場面での一打が目立った。このように失点後にも林のタイムリーや続く岩田が自らを援護するタイムリーで点差を広げ、横浜の追い上げムードを阻止した。先発の岩田は、初回こそピンチの場面があったが、援護をもらった後は6回に1点を失うものの安定したピッチングで、最終的には7回1失点の好投を見せた。この岩田の好投もあり、前の試合でロングリリーフをした鈴木を2イニングのみで済ませることができた。接戦が予想されたなかで、無理のない投手運用をできたことは非常に大きかった。また、この試合では18安打を記録し、なかでも涌井から14安打を放った。優勝候補の横浜を下し、北海道勢76年ぶりのベスト4進出を決めた駒大苫小牧は、このように全国の名門を倒して勝ち上がったあたりから、メディアや甲子園の観客を味方につけていったように思える。

準決勝の相手は初戦から準々決勝まで二桁安打を記録した強力打線を誇る東海大甲府。この甲子園で、全試合二桁安打を記録している同士の対戦となった。2年生の松橋が甲子園で初登板となる先発を任された。松橋は初回から飛ばし、球速140km／h以上を記録。この試合では自己最速の147km／hを計測した。東海大甲府もエースの佐野恵太ではなく、控えの岩倉亮が先発したため、初回こそ両チーム無得点だったものの、序盤から乱打戦の展開だった。2回に一死から糸屋がレフトにツーベースを放ち出塁。二死後、3塁の場面で桑島優がタイムリースリーベースで先制。続く五十嵐もタイムリーを放ち、2点差に広げた。しかし、3回に東海大甲府が意地を見せる。松橋は初ヒットを許すなど二死3塁のピンチを招き、古屋のレフト前へのタイムリーで1点を返される。続く瀬口雅人を歩かせた際に、バッテリーミスで二死1、3塁の場面となり、3番の清水満にライト線に逆転の2点タイムリーツーベースを許す。ここで松橋はマウンドを降りて、この甲子園でチームを救ってきた鈴木がマウンドに上がる。その鈴木が4番の仲沢広基に対して、変化球を振らせて三振に抑えた。

ここで踏ん張った駒大苫小牧は、自慢の打線が火を吹く。その裏、2番手の佐野から二死1、

2塁とし、この大会で大当たりの糸屋がフルカウントからセンター前に同点タイムリーを放つと、続く佐々木のライト前へのタイムリーで勝ち越した。勢いに乗る駒大苫小牧は、4回に3点、5回に3点を奪い、一時は7点差のリードとした。一方、東海大甲府打線は、疲れが見えはじめた鈴木を6回から攻め立てる。6回に2点をあげ、7回には二死2、3塁から仲沢の2点タイムリースリーベースで3点差に追い上げる。ここで、駒大苫小牧は鈴木から岩田にスイッチ。その岩田は後続を抑え、8回を無失点で終える。しかし、9回に一死からイレギュラーによる内野安打でランナーを出す。その後、瀬口を歩かせたあと清水を三振に打ち取るが、二死1、2塁の場面で仲沢にレフトへのタイムリーを浴び2点差に。甲子園が一気に沸き上がるが、歓声は駒大苫小牧寄りだった。それに応えるように、岩田は苦しみながらも、最後は5番の宮地勝史を三振に打ち取り、乱打戦を制した。駒大苫小牧はこの試合でも、いつも通りの攻撃を見せた。ホームランこそなかったものの、長短打と固い守備で試合を優位に進め、北海道勢初の決勝進出を決めた。

決勝戦の相手は春の王者・済美。この試合は、前述の通り甲子園の歴史に残る乱打戦となった。先発の岩田は、初回にいきなり2点を失い、その裏の攻撃でもチャンスの場面で1点止まり。2回にも岩田が2点を失うと、鈴木にスイッチ。しかし、鈴木も二死満塁から連続押し出し四死球を与え、4点差となる。

勢いに乗っていた駒大苫小牧だが、試合序盤は王者済美の前に浮き足立っていたように見えた。だが試合が進むと、徐々に駒大苫小牧らしさが出るようになる。鈴木はピンチになりながらも、3回は無失点に抑える。その裏、今大会ラッキーボーイの糸屋とキャプテン佐々木のタイムリーで2点差に。済美ムードから徐々に駒大苫小牧に流れがいく。4回は鈴木が鵜久森を三振に打ち取り、西田の難しい打球を佐々木がファインプレーで好捕し、この回を三者凡退に抑えた。その裏、一死3塁から沢井のレフトオーバーのタイムリーツーベースで1点差に。球場の雰囲気は間違いなく駒大苫小牧の応援一色だった。その後二死満塁で佐々木が逆転となる2点タイムリーを放つものの、意地を見せたい済美は5回に二死2塁から、福井の自らを援護するタイムリーで追いつく。続く甘井にレフト前ヒットを打たれるが、駒大苫小牧はホームでランナーの福井を刺してピンチを凌《しの》ぐ。ここでも守備の固さを見せた。

駒大苫小牧もその裏にチャンスを作るが無得点に終わり、済美は6回にも鈴木を攻め立てる。先頭打者の小松のソロホームランで勝ち越すと、続く水本と鵜久森の連打で無死2、3塁とし、西田がセンター前にタイムリーを放つ。ここで駒大苫小牧はセンターの桑原が好返球を見せて、2塁ランナーを刺す。なおも済美は攻撃の手を緩めず、二死2塁から、田坂のタイムリーツーベースで3点差に。このまま済美ペースと見られていたが、その裏、先頭打者の原田が四球を選び、糸屋がツーランホームランを放ち1点差。続く佐々木も四球を選び、ここで済美は福井から藤村にスイッチ。その後、送りバントと三振で二死2塁の場面で五十嵐が粘りに粘って12球目をレフト前へ打ち返し、同点タイムリーとなる。この回の駒大苫小牧打線は、まさに大技と小技を上手く織り交ぜて、一気に同点に追いついた。鈴木はランナーを得点圏に出しながらも7回を無失点に抑え、流れを渡さなかった。

その裏、駒大苫小牧は、先頭の林がセカンドのエラーで出塁。原田が送り、糸屋のショートゴロで二死3塁となる。ここで佐々木が勝ち越しとなるレフトオーバーのタイムリーツーベースを放つ。さらに桑島の左中間へのタイムリーツーベースで2点差に、続く鈴木のタイムリーで3点差にする。次の五十嵐も内野安打で出塁したところで、済美は再度福井をマウンドに戻す。8回は両校1点ずつ得点し、9回を迎える。鈴木は福井と甘井の連打で、無死1、3塁のピンチを招くも、続く小松を併殺打に打ち取り、次の坂本智哉を歩かせて、二死1、3塁の場面で鵜久森を迎える。鈴木は最後の力を振り絞り、137㎞／hの直球でショートフライに抑えて駒大苫小牧が初優勝を飾った。まさに快挙だった。

前年の夏の甲子園1回戦で、駒大苫小牧は倉敷工業を相手に8対0と一方的にリードを奪いながら、降雨によって試合が打ちきりとなり、翌日の再試合で敗れた。その悔しさを忘れることなく、監督である香田誉士史《よしふみ》氏とともに、甲子園で勝てるチームづくりに励んだ。東北のダルビッシュや横浜の涌井、済美の鵜久森のようなタレント性があるスター選手はいなかったが、伝統的な攻撃力と守備力を活かし、負けない野球で頂点に立った。岩田、鈴木を中心とした複数枚の投手陣は、タフな乱打戦になればなるほど粘り強さを発揮した。基本的なバントや守備のミスが少ない上に、カバーリングなども早かった。また、打撃面ではどのような状況でも打開できる打力があり、まさに「甲子園で勝ち上がる野球」ができるチームであった。２００４年の甲子園に出場した世代は、プロになった選手が一人もいなかったものの、チームとして勝利に徹する完成された集団であったことは間違いないだろう。

二人のエース格の力で打撃から守備のチームへ――２００５年の駒大苫小牧

２００４年夏、春夏連覇に挑む済美を決勝で下した駒大苫小牧は、夏春連覇と夏２連覇を目指した。しかし、２００５年のセンバツでは２回戦で神戸国際大附に敗退。さらに、そのあとに行われた春季北海道大会では初戦で白樺《しらかば》学園に敗れるなど、春先の公式戦では苦戦していた。その状況から、夏２連覇を達成することになる。

駒大苫小牧（2005年夏）大会戦績

2回戦　：駒大苫小牧　5－0　聖心ウルスラ
3回戦　：駒大苫小牧　13－1　日本航空
準々決勝：駒大苫小牧　7－6　鳴門工業
準決勝　：駒大苫小牧　6－5　大阪桐蔭
決勝　　：駒大苫小牧　5－3　京都外大西

その要因は、前年とは異なるチームビルディングをしたことにあるだろう。この世代は、前年チームを初優勝に導いた打者、キャプテンの林裕也や五十嵐大を中心に、前年甲子園を経験したエースナンバーの松橋拓也と2年生の田中将大《まさひろ》（現・東北楽天ゴールデンイーグルス）、吉岡俊輔の投手陣で勝ち進んだ。チームのスタイルは前年とは打って変わり、歴史を塗り替えた打ち勝つ野球から守り勝つ野球にシフトした。その自慢のディフェンス力で、南北海道大会から本大会準決勝まで11試合連続無失策を記録。王者の名にふさわしいチームとして、甲子園に帰ってきた。

駒大苫小牧(2005年夏)大会オーダー・成績

オーダー　打撃・投手成績

打順	守備位置	選手	試合	打数	安打	打率	本塁打	打点
1	二	林裕也	5	18	10	.556	1	5
2	三	五十嵐大	5	14	3	.214	0	0
3	遊	辻寛人	5	19	10	.526	1	11
4	中	本間篤史	5	19	4	.211	0	5
5	一	岡山翔太	5	19	9	.474	0	5
6	右	鷲谷修也	4	11	4	.364	0	1
7	左	青地祐司	5	19	6	.316	0	2
8	捕	小山佳祐	5	16	3	.188	0	1
9	投	松橋拓也	3	3	0	.000	0	0
	控	田中将大	4	10	3	.300	0	2

チーム打率.342

		選手	登板	投球回数	奪三振	自責点	防御率	
		松橋拓也	3	16回1/3	11	2	1.10	
		田中将大	4	25回2/3	38	8	2.81	
		吉岡俊輔	2	4回	2	0	0.00	

チーム防御率1.96

守備陣形

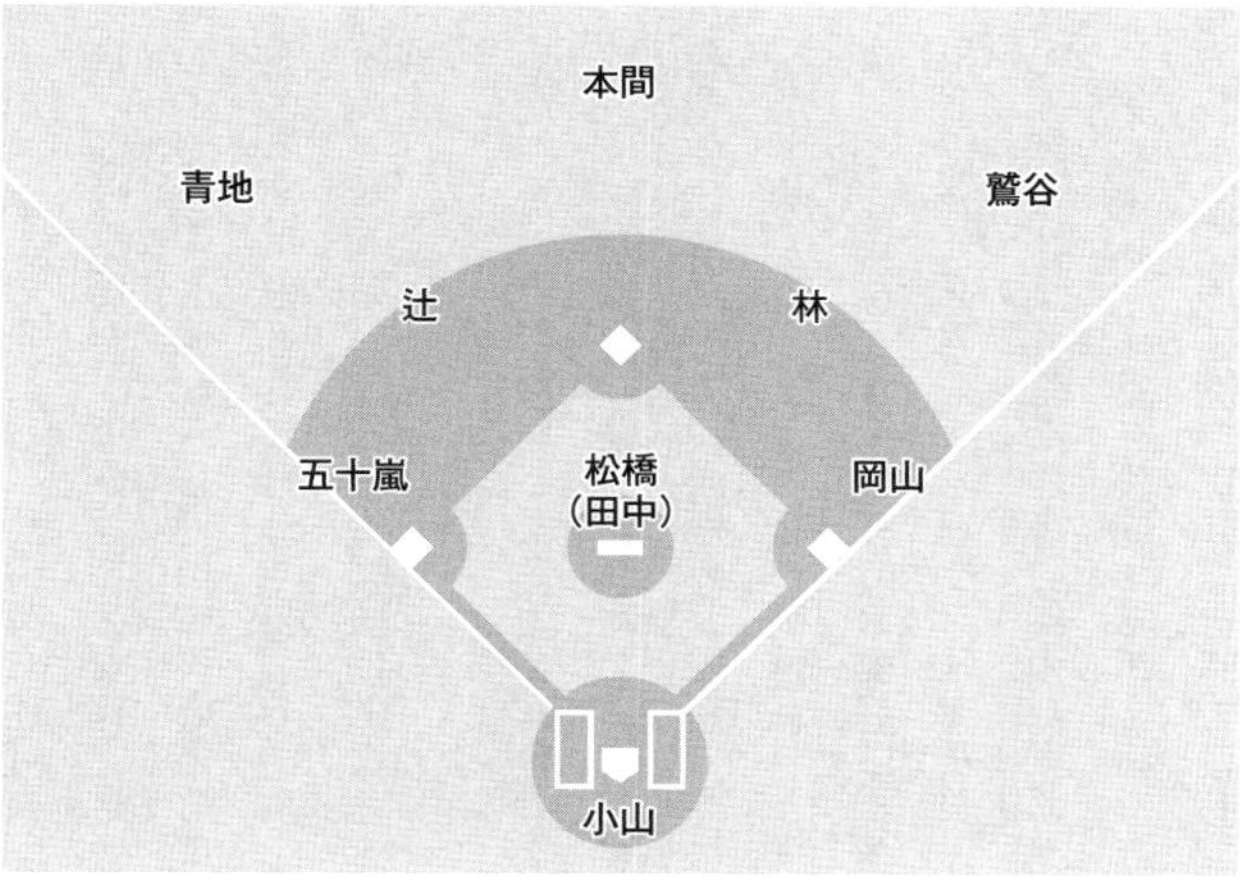

初戦となった2回戦の聖心ウルスラ戦は、初回に相手のエラーで先制し、その後も辻寛人《つじひろと》が3安打・3打点を記録する活躍で得点を積み重ねる。投げては松橋が119球・2安打完封勝利。3回戦の日本航空戦は、16安打で13得点をあげる。この試合も辻が3番の抜擢に応えるように、ホームランを含む3安打・3打点、さらに、4番の本間篤史《あつし》も2安打・4打点の活躍を見せた。投げては田中が7回2／3を12奪三振という好投を見せる。投打ともに圧倒的な差をつけて勝利した。

これだけ見ても、前年とは異なり、投手のレベルが上がったことがわかる。この2試合で松橋と田中を長いイニング投げさせ、打撃陣も辻を中心に甲子園の舞台で自信をつけたことが非常に大きかった。だが、順風満帆に見えた夏連覇に挑む戦いには、準々決勝から試練が立ちはだかる。準々決勝の鳴門工業戦は奇跡のような試合だった。駒大苫小牧は先発の松橋がいきなり初回に2点を失うなか、林がその裏先頭打者ホームランで1点を返す。それでも松橋はピリッとせず3回に追加点を奪われる。2番手の田中は、相手に流れを与えない好投を見せるが、7回に3点を失い1対6と厳しい展開になった。しかし、駒大苫小牧はその裏、岡山翔太のツーベースをきっかけに、5本の長短打と相手のミスで一気に逆転。まさに優勝するチームならではの意地と底力を見せた。この試合も前年同様、駒大苫小牧は甲子園の雰囲気を味方にしていた。互角の試合をしていた鳴門工業は、雰囲気に飲まれてしまったように見えた。

準決勝の大阪桐蔭戦も、タフな試合になった。試合前の下馬評で優勝候補と目され、のちにこの年のスタメンからプロ野球選手を3人輩出することになる大阪桐蔭が優位と言われていた（エースの辻内崇伸《つじうちたかのぶ》はこの年のドラフトで巨人が指名。4番の平田良介は中日が指名。1年生で5番を打った中田翔は2007年のドラフトで日ハムが指名）。

しかし、駒大苫小牧は序盤に大阪桐蔭のエース辻内の立ち上がりを、長短打とエラーで一気に攻め立てて2回に5点を奪う。さらに、先発の田中は、6回まで大阪桐蔭打線を無失点に抑える好投を見せる。とくに大阪桐蔭の4番、平田を完璧に抑え追い上げを阻止していた。しかし、7回に辻内のツーランホームランが出ると、8回には小林晃徳《あきのり》のタイムリーと平田の内野ゴロの間に追いつかれてしまう。流れは大阪桐蔭に傾きつつあった。そこでマウンドに上がった吉岡が、この上ないほどの好リリーフを見せる。2回2／3を無失点に抑えて、大阪桐蔭の流れを止めた。その後、駒大苫小牧打線は、延長10回に疲れが見えはじめた辻内を攻め立て、3番の辻がライト線にタイムリーを放ち、勝ち越し。その裏に、吉岡が平田を三振に抑えて勝利した。

ちなみに、この試合の平田は5打数無安打。駒大苫小牧は田中と吉岡が打線の軸となる平田を徹底的に抑え込み、勝利を呼び込んだ。派手さはまったくない試合だったが、タレント集団に対して、戦略と勝負どころの集中力を活かして、チーム一丸で勝ち取った勝利だった。

決勝の相手は京都外大西。こちらも、北岡繁一《しげかず》と本田拓人《たくと》の二枚看板で勝ち上がったチームである。この試合では、鉄壁の守りを見せていた駒大苫小牧が初回に失策を複数犯して、いずれも失点に絡んだ。「ただ、エラーはいつか出ると思っていたし、先制されても焦りはありませんでした。僕らは、鳴門工戦みたいな追う展開が得意なんです」[*9]とサードの五十嵐が語ったように、駒大苫小牧ナインは落ち着いていた。その言葉通り、駒大苫小牧はその裏に追いついた後、5回と6回にそれぞれ得点し、6回終了時点で1対3とリードを奪う。7回の表に追いつかれたが、その裏、ここ一番の集中力を発揮し一気に勝ち越し。この大会で大活躍した田中がリリーフし、最後のバッターを150km／hの外角へのストレートで三振に抑えて、甲子園史上57年ぶりの夏2連覇を達成した。

この大会の駒大苫小牧は派手な野球はしていなかったものの、「巧者」とも呼ぶべき試合運びと固いディフェンス力を駆使した堅実な戦い方で頂点に立った。それに加え、準々決勝の鳴門工業戦から一気にチームの力が上がったように見える。この要因として考えられるのは、大会期間中にもかかわらず、「毎日三食ごはん3杯」の食トレも取り入れたことだ。前年も優勝したが、大会終盤に夏バテ気味の選手もいたからだ。この食トレもあったからこそ、大会終盤になっても夏バテせずに、接戦を勝ち抜いたのかもしれない。また、駒大苫小牧の場合は、香田氏がよく「われわれは北国のチャレンジャー」と言っていたように、過去の優勝校よりも挑戦者意識を持っていた。そのため、雪国でどこよりも過酷な練習をして、ディフェンス力をはじめ、打力、走力、投手力を含む高い総合力が生み出された。短期決戦で必要な、戦いながら強くなるチームの本質を感じた2005年の優勝だった。

斎藤佑樹vs.田中将大で見えた「圧倒力」——2006年の早稲田実業vs.駒大苫小牧

翌年も駒大苫小牧は夏の甲子園に出場。3連覇を目指したが、惜しくも決勝で敗れる。その優勝を阻んだのが「ハンカチ王子」斎藤佑樹を擁する早稲田実業だった。決勝の早稲田実業の斎藤佑樹と王者田中将大の投げ合いは死闘として語り継がれている。

駒大苫小牧（2006年夏）**大会戦績**

2回戦　：駒大苫小牧　5－3　南陽工業
3回戦　：駒大苫小牧　10－9　青森山田

準々決勝　：駒大苫小牧　5－4　東洋大姫路
準決勝　：駒大苫小牧　7－4　智弁和歌山
決勝　：駒大苫小牧　1－1　早稲田実業
決勝（再試合）：駒大苫小牧　3－4　早稲田実業

駒大苫小牧は、田中の体調不良の影響もあり、初戦から僅差の試合を制し勝ち上がっていった。苦しみながらも決勝まで勝ち上がる姿は、まさに王者の意地だった。このような戦績になったのは、各対戦校が田中の研究や対策を行っており、そこに田中自身の体調不良が重なったことが影響していると考えられる。

2回戦の対戦相手、南陽工業は田中のスライダーを徹底的に研究しており、しっかり見極めていた。スコアだけ見れば、田中は14奪三振を記録して、駒大苫小牧が先制して逃げきった形に見える。しかし、この試合で田中は165球を投げており、「いままでの甲子園で一番苦しい試合[*10]」とコメントを残した。この初戦を見ても、過去2年とはまったく違い、徹底的にマークされていたことがわかる。

3回戦の青森山田戦は、田中はベンチスタート。青森山田は、序盤から駒大苫小牧先発の岡

駒大苫小牧(2006年夏)大会オーダー・成績

オーダー　打撃・投手成績

打順	守備位置	選手	試合	打数	安打	打率	本塁打	打点
1	三	三谷忠央	6	28	11	.393	1	5
2	遊	三木悠也	6	24	7	.292	1	2
3	一	中沢竜也	6	26	11	.423	2	8
4	中	本間篤史	6	23	6	.261	0	4
5	左	岡川直樹	5	14	3	.214	0	0
6	投	田中将大	6	21	7	.333	0	2
7	右	鷲谷修也	6	19	3	.158	1	1
8	二	山口就継	6	20	4	.200	0	5
9	捕	小林秀	6	21	4	.190	0	2

チーム打率.271

		選手	登板	投球回数	奪三振	自責点	防御率	
		田中将大	6	52回2/3	54	13	2.22	
		菊地翔太	4	4回1/3	2	3	27.00	
		岡田雅寛	2	2回	0	6	6.23	

チーム防御率3.36

守備陣形

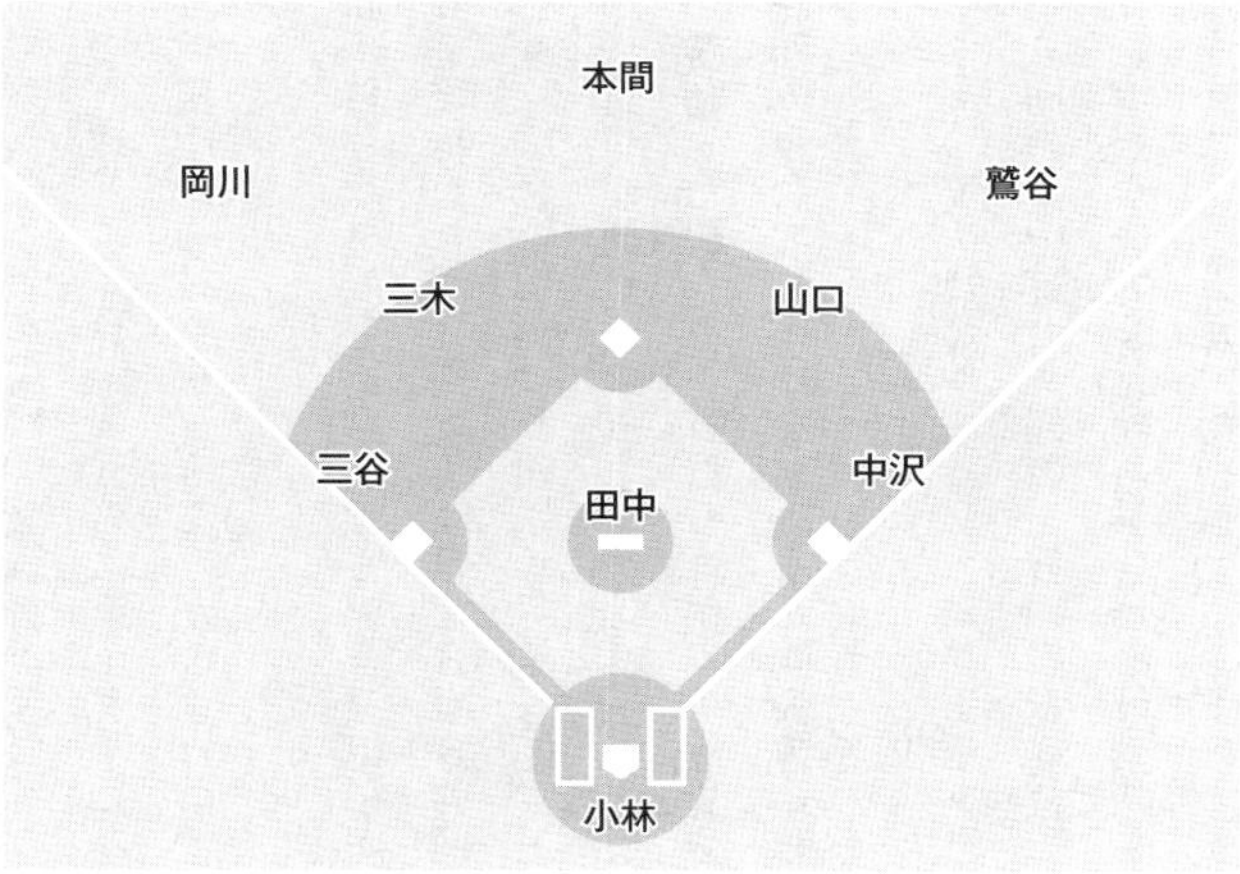

田雅寛と2番手の菊地翔太、3番手の田中を攻め立てて一気に点差を広げ、最大得点差は6点となった。青森山田は、田中対策として150㎞/hの直球と140㎞/hのスライダーにひたすら目が慣れるよう練習していた。そのこともあり、田中から3点を奪うことができたのである。

しかし、駒大苫小牧は中盤から意地を見せる。6回から毎回得点を積み上げていき、甲子園の観客も2004年、2005年と同様に駒大苫小牧を後押しし、8回終了時点で8対8の同点となる。ただ、田中はこの試合も本調子からはほど遠く、青森山田は9回に勝ち越して、王者を追い詰めた。絶体絶命の駒大苫小牧は9回裏に中沢竜也が同点弾を放ち、最後は三谷忠央がサヨナラタイムリーツーベースを放った。なんとか勝利した駒大苫小牧だったが、最後まで負けてもおかしくない展開だった。それでも16安打を積み重ねて、田中を援護した駒大苫小牧の攻撃からは王者の意地が感じられた。

準々決勝の東洋大姫路戦でも、田中が初回に林崎遼《りょう》(元・埼玉西武ライオンズ)にツーランホームランを打たれ4回までに4点差をつけられるも、6回の集中打と7回の三谷の内野安打でひっくり返す逆転劇で勝利した。この2戦の、ビハインドから底力を見せる試合運びは素晴らしいものだった。準決勝の智弁和歌山戦は、田中はベンチスタートだったが、マウンドに上がると、準々決勝で1試合最多本塁打を記録した強力打線を抑えた。それに応えるかのように、4番の本間は3本の長打を放つなどの援護をして、73年ぶりの夏3連覇に王手をかけた。
対するこの年の早稲田実業は、斎藤佑樹を中心としたチームとして甲子園の話題の中心になっており、決勝まで比較的順調な試合運びをして勝ち上がっていった。

早稲田実業（2006年夏）大会戦績

1回戦	：早稲田実業	13	− 1	鶴崎工業
2回戦	：早稲田実業	11	− 2	大阪桐蔭
3回戦	：早稲田実業	7	− 1	福井商業
準々決勝	：早稲田実業	5	− 2	日大山形
準決勝	：早稲田実業	5	− 0	鹿児島工業
決勝	：早稲田実業	1	− 1	駒大苫小牧
決勝（再試合）	：早稲田実業	4	− 3	駒大苫小牧

10年ぶりの夏となった早稲田実業の初戦の鶴崎工業戦は、投打で圧倒。初回からそつのない

早稲田実業（2006年夏）大会オーダー・成績

オーダー　打撃・投手成績

打順	守備位置	選手	試合	打数	安打	打率	本塁打	打点
1	中	川西啓介	7	25	8	.320	1	3
2	三	小柳竜巳	7	22	8	.364	0	6
3	一	桧垣皓次朗	7	29	8	.276	0	9
4	遊	後藤貴司	7	29	10	.345	1	9
5	左	船橋悠	7	32	12	.375	2	11
6	投	斎藤佑樹	7	30	10	.333	1	2
7	二	内藤浩嵩	7	17	4	.235	0	0
8	捕	白川英聖	7	27	8	.296	0	2
9	右	小沢秀志	5	12	2	.167	0	1

チーム打率.317

		選手	登板	投球回数	奪三振	自責点	防御率	
		斎藤佑樹	7	69回	78	9	1.17	
		塚田晃平	1	0回0/3	0	0	-	

チーム防御率1.17

守備陣形

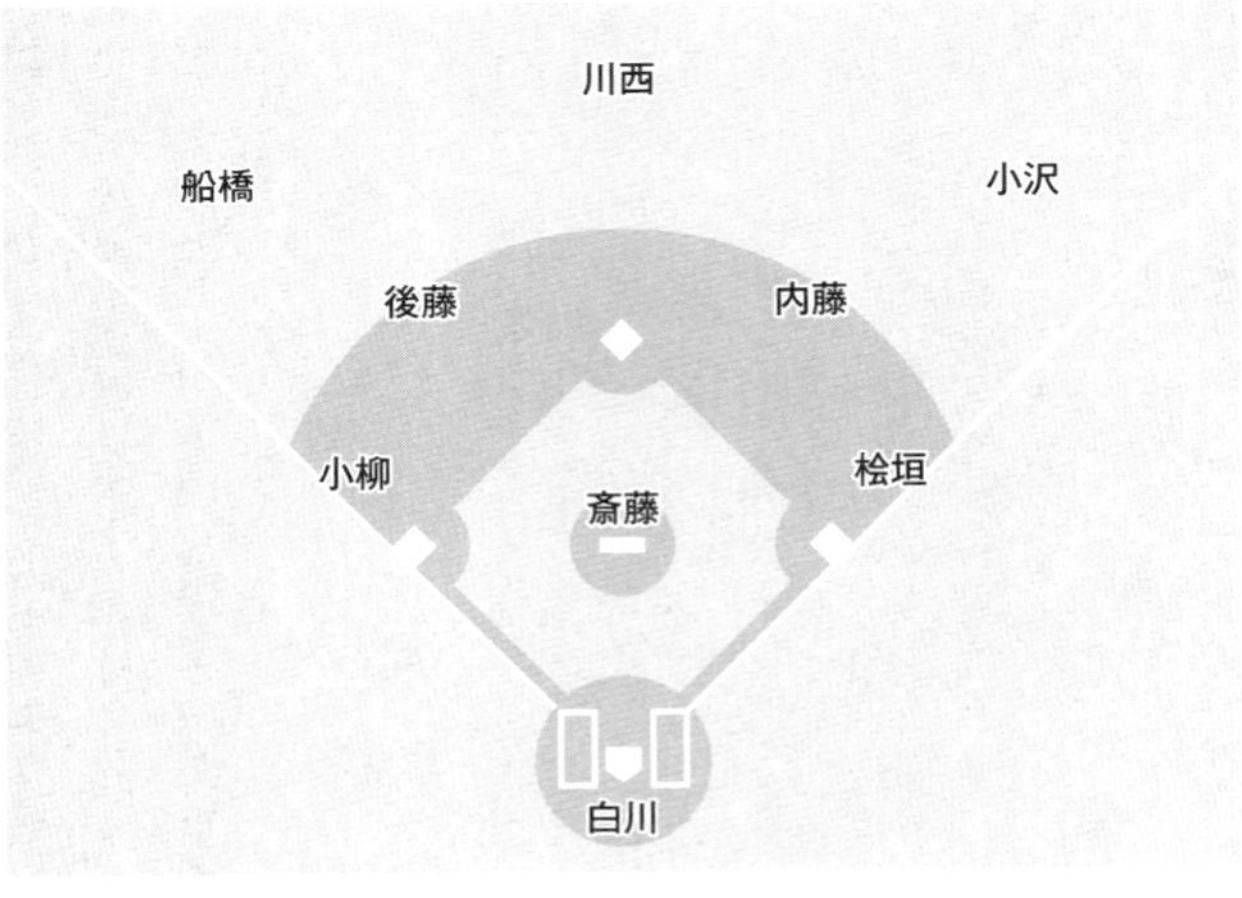

攻撃をして、18安打・13得点を記録した。投げては斎藤が一旦は塚田晃平にマウンドを譲るが、再登板して9回を3安打・1失点に抑えた。次は注目カードとなった大阪桐蔭戦だ。斎藤は前年の甲子園を沸かせた中田翔から3三振を奪い、合計12奪三振で完投。この試合も早稲田実業は、投打で圧倒する試合運びを見せ、二桁安打と二桁得点となる13安打・11得点で快勝した。早稲田実業と斎藤はさらに注目を浴びて、この大会の主人公のような存在になっていった。

続く3回戦の福井商業戦も、打線は船橋悠の2試合連続ホームランを含む13安打・7得点を記録。斎藤にもホームランが飛び出す。その斎藤は、投げても136球を熱投し、10安打を浴びながらも完投勝利をあげた。準々決勝の日大山形戦は、この甲子園に入って初めてビハインドを経験する展開になった。早稲田実業は初回に先制するも、2回以降は日大山形先発の青木優の前に抑えられる。逆に斎藤は、5回まで無失点に抑えていたが、6回に3本の長短打で逆転される。しかし、早稲田実業はここで終わらなかった。8回に代打・神田雄二のヒットからチャンスを広げて一死満塁とすると、小柳竜巳のショート強襲の内野安打で、一気に逆転する。さらに二死後に、後藤貴司と船橋のタイムリーで2点を追加して突き放した。斎藤は144球・10奪三振の熱投を見せ、完投勝利をあげて準決勝に進出した。

準決勝の相手は、エース榎下陽大《えのしたようだい》（元・北海道日本ハムファイターズ）や代打で名を上げていた今吉晃一を擁する鹿児島工業だった。早稲田実業は、先発の下茂《しも》亮平に対して初回に一死1、2塁から後藤が先制となるスリーランホームランを放つ。2回にも、二死2塁から小柳が左中間にタイムリーツーベースを放ち、4点差とする。斎藤は疲れを見せず、113球・13奪三振・3安打完封。この甲子園で最高の内容を見せて、決勝にコマを進めた。

決勝戦の球場は、駒大苫小牧に味方していた過去2年の雰囲気とは打って変わり、「ハンカチ王子」と呼ばれた斎藤に声援が飛び交う。ただ、駒大苫小牧は8回に慣れた決勝の舞台で三木がホームランを打ち、斎藤から先制点を奪う。しかしその裏、早稲田実業もすぐさま後藤の犠牲フライで追いつき、その後もお互いにゼロ行進。延長15回まで決着はつかなかった。翌日の再試合では初回から早稲田実業が先制。ビハインドになった直後に、駒大苫小牧先発の菊地は降板し、田中がマウンドに上がる。それでも中盤になると田中に疲れが見えはじめ、6、7回に追加点を許す。8回を終わって1対4と、早稲田実業がリードを奪った。9回に駒大苫小牧は意地を見せ、中沢が1点差に迫るツーランホームランを放つが、最後は斎藤が田中を三振に斬ってとって早稲田実業が頂点に立った。

斎藤がほぼ一人で投げ抜いて優勝投手になったことには、いまの高校野球においては賛否が分かれる。しかし、一発勝負の甲子園では一番実力のある投手が投げ続けることで勝率が上がることはたしかだ。一方で、一人の投手に投げさせ続けることは、その選手やチームの将来にも多大な影響を与えてしまう。この起用法の是非については正解がないとしか言いようがない。

ただ、チーム全体の戦略の面で見ると、駒大苫小牧と早稲田実業は、派手さがある打線だったわけではなく、エースを中心としたチームビルディングであったことは共通している。駒大苫小牧は、過去2年同様にチーム打率以上の勝負強さを見せていた。ただそれ以上に、2006年の早稲田実業は決勝戦以外危なげない試合運びだったことからもわかるように、甲子園で相手を圧倒した戦い方ができていた。その要因としては、西東京大会で接戦を経験したことが挙げられる。西東京大会の準決勝、春季関東大会に出場した日大鶴ヶ丘戦ではサヨナラ勝ち。関東大会で優勝している日大三との決勝では、延長11回までもつれる試合を競り勝つ形で、甲子園出場を決めた。駒大苫小牧が接戦を勝ち上がって強さをたしかなものにしていったように、早稲田実業も西東京大会での戦いを経てひと回りふた回り強くなったことが、甲子園での強さの源泉だったのではないだろうか。

常勝軍団への道を作った「強力打線」——2008年の大阪桐蔭

2008年の夏の甲子園で、大会を通して歴代3位となるチーム打率4割1分9厘を記録。

第90回記念大会を制覇したのは、全6試合で二桁安打、2000年の智弁和歌山に次ぐ大会史上2位となる通算99安打を記録した大阪桐蔭だ。トップバッターの浅村栄斗《ひでと》（現・東北楽天ゴールデンイーグルス）を中心とした打線は、夏の甲子園決勝戦史上最多の21安打で同最多タイの17点をあげて圧勝し、頂点に立った。

実はこの世代の大阪桐蔭は、2005年から2007年までの平田良介（元・中日ドラゴンズ）や中田翔（現・読売ジャイアンツ）のようなタレント集団のチームと比較して周囲の評価は低かった。その一方で、例年なら休みの月曜日でも練習をしていたことから、「最も練習をした世代」とも言われている。

大阪桐蔭（2008年夏）大会戦績

1回戦　：大阪桐蔭　16－2　日田《ひた》林工
2回戦　：大阪桐蔭　6－5　金沢
3回戦　：大阪桐蔭　7－5　東邦
準々決勝：大阪桐蔭　7－4　報徳学園
準決勝　：大阪桐蔭　9－4　横浜

大阪桐蔭(2008年夏)大会オーダー・成績

オーダー　打撃・投手成績

打順	守備位置	選手	試合	打数	安打	打率	本塁打	打点
1	遊	浅村栄斗	6	29	16	.552	2	4
2	三	佐野力也	6	27	11	.407	0	4
3	二	森川真雄	6	27	10	.370	0	6
4	一	萩原圭悟	6	27	14	.519	3	15
5	右	奥村翔馬	6	28	9	.321	3	9
6	左	中谷良也	5	16	5	.313	0	2
7	中	福島康平	6	23	12	.522	0	4
8	捕	有山裕太	6	27	8	.296	0	4
9	投	福島由登	6	22	8	.364	0	6
		清水翔太	5	8	6	.750	0	3

チーム打率.419

		選手	登板	投球回数	奪三振	自責点	防御率	
		福島由登	6	46回1/3	40	13	2.53	
		奥村翔馬	4	7回2/3	5	1	1.17	
		永島太一	1	1回	0	0	0.00	

チーム防御率2.29

守備陣形

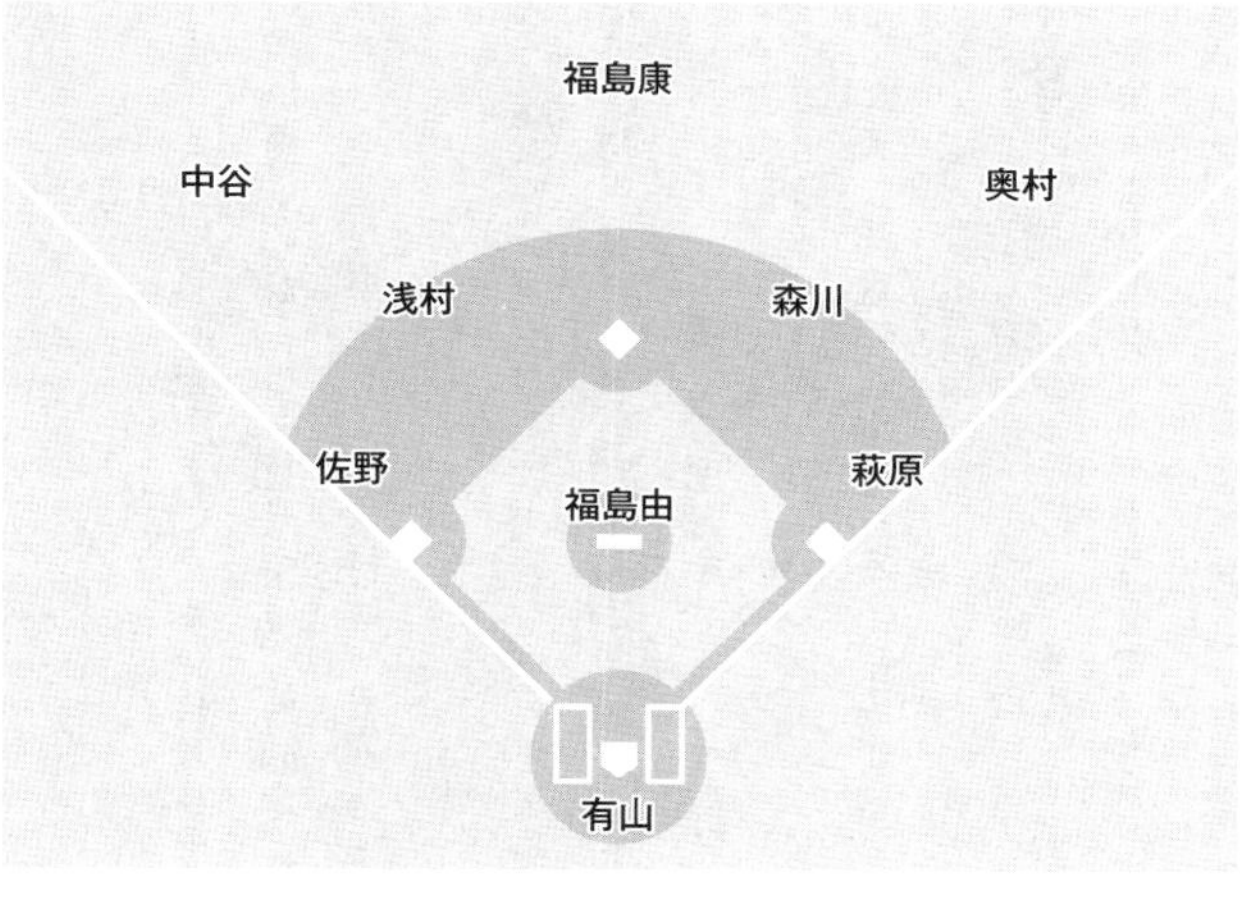

決勝　：大阪桐蔭　17－0　常葉《とこは》菊川

初戦の日田林工戦では、いきなり強力打線が火を吹く。前日は2回途中までで4対0とリードをしていたが、降雨のためノーゲームになる。その勢いをこの試合にも見せつけ、初回から得点を積み重ねて、19安打・16得点の猛攻で圧勝。とくにトップバッターの浅村は、5安打・2打点・4得点の大活躍を見せた。

2回戦は強豪の金沢との対戦となった。この試合も、大阪桐蔭が浅村のヒットからチャンスを広げて初回から得点を積み重ね、2回には浅村が甲子園初ホームランを放ち、2点差とする。しかし、先発の福島由登《ゆうと》が4回に金沢打線に捕まり、一気に4点を失って逆転を許す。その状況のなかで、大阪桐蔭は5回に1点を返し1点差として、8回に浅村のホームランで追いつく。そして、延長10回に有山裕太がヒットで出塁し、井ノ上久人が代走で起用される。福島が送り、浅村が敬遠され、清水翔太も歩かされての満塁のチャンスで、森川真雄《まお》のタイムリーでサヨナラ勝ちを決めた。この試合も、16安打を記録して相手投手や守備陣にプレッシャーを与え、投げては2番手の奥村翔馬が、6回の二死満塁のピンチを凌ぐなど好リリーフを見せた。さらに、再度マウンドに上がった福島も3イニングを1安打に抑えた。

3回戦の東邦戦も前の試合と同じく、後半にかけて接戦となった。大阪桐蔭は、初回から得点をあげ、4回までに毎イニング得点を記録。6回に3点をあげて一時は7点差にまで広げた。この試合は、2番の佐野力也が4安打で2打点をあげて、さらにチャンスメイカーとしても森川や萩原圭悟に打点のアシストをした。打線全体を見ても、13安打・7得点を記録した。しかし、先発の福島は8回途中にホームランを含む3連打を浴びて、奥村にスイッチする。その奥村が9回にピンチを迎えると、福島が再度マウンドに上がり、追い上げられながらも、2点差を逃げきった。

準々決勝は報徳学園との近畿勢同士の対戦となった。この試合は2回に二死2塁の場面で中村裕介にタイムリーツーベースを打たれ、この甲子園で初めて先制を許す展開になる。大阪桐蔭は、すぐさまその裏に奥村のホームランで追いつく。しかし、4回に追加点を許し、5回には西郷遼平《りょうへい》のツーランホームランで3点差をつけられる。大阪桐蔭はその裏に1点を返し、6回に有山のタイムリーで追いつく。その後二死満塁の場面で、佐野が執念のヘッドスライディングをして内野安打を生み、勝ち越す。7回には萩原が一発、8回にも萩原がタイムリーを放ち、1回戦でも逆転勝ちをしている報徳学園を逆転で下した。萩原はこの試合4安打の大活躍。劣勢の展開が続いたものの、大阪桐蔭の強力打線は好投手の近田怜王《れお》（元・福岡ソフトバンクホークス）に二桁安打を浴びせて攻略した。

続く準決勝は、横浜との対戦となった。大阪桐蔭は2回にまさかのバッテリーミスで先制点を許すが、3回にすぐさま、萩原の逆転タイムリーツーベースを含む5本の長短打で一気に5得点をあげる。9回には萩原がダメ押しのツーランホームランを放ち試合を決めた。萩原は4安打を記録した準々決勝に続いて、4打点を記録。強力打線はこの試合も14安打・9得点をあげ、東西の名門対決は大阪桐蔭に軍配が上がった。

決勝は前年のセンバツで敗れている常葉菊川との対戦。打撃戦が予想されたなかで、投打の物量が盤石な大阪桐蔭が、初回から圧倒した。1回一死から佐野がヒットで出塁し、森川と萩原もヒットで続くと、一死満塁のチャンスで奥村はバックスクリーンに満塁ホームランを放ち、豪快に先制点をあげる。大阪桐蔭はその後も攻撃の手を緩めなかった。とくに6回には、浅村がレフト前ヒットで出塁すると、続く佐野が送り、森川がつないで萩原がタイムリーを放つ。さらに、奥村の四球の後、二死から相手のエラーで2点を追加。福島由登にもタイムリーが出て6点をあげた。その後も、7回一死1塁から萩原が3試合連続となるツーランホームランを放った。終わってみれば、21安打・17得点を記録。浅村が大会記録にあと3本と迫る16安打を記録。4番の萩原が大会タイの3試合連続本塁打、そして大会新の通算15打点を記録。チーム打率は4割を超し、強力打線は1試合平均10・3得点をたたき出した。前年までのタレント不在から一転、2010年代の黄金期の序章と思わせる強さだった。高校野球の勝利における最適解が見つかり出した優勝でもあった。

「打高」の時代が複数投手制を生んだ?

2000年代の高校野球を振り返ると、「打高」の傾向が強かったことがわかる。2000年の智弁和歌山と2001年の日大三が立て続けにチーム打率の記録を更新。2001年秋に金属バットの重量規定が導入されたが、2004年に駒大苫小牧がさらにチーム打率を更新するという結果になった。さらに2008年の大阪桐蔭は歴代3位となるチーム打率を記録した。これは、バットやボールの影響も少なからずあるが、2010年代ほど投手の高速化が著しくなかったのも要因と言える。

高校野球の定説に「春は投手力、夏は打撃力」というものがある。文字通り、センバツは投手が強いチームが勝ち、夏は打線が強いチームが勝つというものだが、実際のデータを見てもそうした傾向は年々強まっているように見える。

次ページの表の1試合平均得点からも一目瞭然だろう。2002年と2003年以外は夏の

2000年代
春・夏甲子園　総得点・1試合平均得点

年	総得点	1試合平均
2000年春	306	9.87点
2000年夏	478	9.95点
2001年春	281	8.51点
2001年夏	474	9.87点
2002年春	286	9.22点
2002年夏	437	9.10点
2003年春	274	8.05点
2003年夏	362	7.54点
2004年春	244	7.87点
2004年夏	461	9.60点
2005年春	251	8.09点
2005年夏	478	9.95点
2006年春	273	8.53点
2006年夏	523	10.67点
2007年春	234	7.31点
2007年夏	393	8.02点
2008年春	205	5.54点
2008年夏	537	9.94点
2009年春	215	6.93点
2009年夏	436	9.08点

『夏の甲子園全試合記録BOOK』より

ほうが、１試合平均の得点が高い。そのため、夏に向けて打撃力をつけているチームが上位に進出している。

そうした傾向は１０６、１０７ページの表のように、投手成績にも表れている。センバツと比較すると、夏の甲子園では一人のエースで勝ち抜く学校が少なくなっているのである。２０００年代のセンバツでは、２００１年の常総学院と２００６年の横浜、２００７年の常葉菊川以外の優勝校で、エースがほとんど投げ抜いている。

一方、夏の甲子園では2002年の明徳義塾と2006年の早稲田実業以外は、2番手や3番手の投手を上手く活かした継投策のチームが勝ち上がっている。

たらればになるが、駒大苫小牧と同様に済美もイニングが稼げる2番手投手がいれば、2004年に春夏連覇を達成していたかもしれない。エースが中心となり、目立っていた時代とはいえ、21世紀の高校野球において連覇を果たすためには、一人のエースがいるだけでは不十分であり、複数の投手を運用しながら勝ち上がる「継投戦略」が重要になってきたのである。

とはいえ、この2000年代の投手を見ると、やはり一人で投げ抜いて優勝をした斎藤佑樹は、甲子園の球史で見ても、田中将大と並んで別格の存在だった。そうした印象が、高校野球は一人のエースが投げ抜くものというイメージを守り、その後の甲子園（とくに2000年代後半から2010年代初頭）でも一人エースの学校が定期的に注目を集めるようになった。

もっとも、打撃力があり複数の投手さえいれば甲子園を制覇できるというわけではない。夏の優勝校のほとんどに共通するのは、ここ一番のバントを決めきる力とディフェンス力だ。108ページの表は2000年代夏の優勝校の失策数と犠打数である。

この成績を見ると、犠打に関してはほとんどの高校が20以上記録しており、失策に関しては

2000～2009年　センバツ優勝校　投手成績

年	学校	投手	登板	投球回数
2000年	東海大相模	筑川利希也	5	44回
		山本淳	1	2回
2001年	常総学院	村上尚史	5	33回
		平沢雅之	3	7回
		村田哲也	2	6回
2002年	報徳学園	大谷智久	5	45回
2003年	広陵	西村健太朗	5	44回1/3
		下瀬徹	1	0回2/3
2004年	済美	福井優也	5	44回
		藤村昌弘	1	1回
2005年	愛工大名電	斉賀洋平	5	41回
		十亀剣	1	4回
2006年	横浜	川角謙	5	34回1/3
		浦川綾人	4	8回
		西嶋一記	2	1回1/3
		落司雄紀	1	1回1/3
2007年	常葉菊川	田中健二朗	5	37回1/3
		戸狩聡希	3	7回2/3
2008年	沖縄尚学	東浜巨	5	41回
		上原亘	1	4回
2009年	清峰	今村猛	5	44回
		中野浩平	1	1回

「週刊ベースボール別冊」各年の選抜高校野球大会総決算号のデータをもとに作成

2000～2009年　夏の甲子園優勝校　投手成績

年	学校	投手	登板	投球回数
2000年	智弁和歌山	山野純平	6	33回
		中家聖人	4	21回2/3
		松本晋昂	2	1回1/3
2001年	日大三	近藤一樹	6	39回1/3
		千葉英貴	2	8回
		清代渉平	2	6回2/3
2002年	明徳義塾	田辺佑介	6	51回2/3
		鶴川将吾	2	2回1/3
2003年	常総学院	磯部洋輝	5	23回
		飯島秀明	5	22回2/3
		仁平翔	2	8回1/3
2004年	駒大苫小牧	岩田聖司	5	21回2/3
		鈴木康仁	5	20回2/3
		松橋拓也	1	2回2/3
2005年	駒大苫小牧	松橋拓也	3	16回1/3
		田中将大	4	25回2/3
		吉岡俊輔	2	4回
2006年	早稲田実業	斎藤佑樹	7	69回
		塚田晃平	1	0回0/3
2007年	佐賀北	久保貴大	7	37回
		馬場将史	7	36回
2008年	大阪桐蔭	福島由登	6	46回1/3
		奥村翔馬	4	7回2/3
		永島太一	1	1回
2009年	中京大中京	堂林翔太	6	40回1/3
		森本隼平	4	12回2/3
		山田貴大	1	1回

「週刊ベースボール増刊」各年の全国高校野球選手権大会総決算号のデータをもとに作成

2000～2009年
夏の甲子園優勝校　失策数・犠打数

年	学校	失策	犠打
2000年	智弁和歌山	13	21
2001年	日大三	4	20
2002年	明徳義塾	4	26
2003年	常総学院	2	17
2004年	駒大苫小牧	1	23
2005年	駒大苫小牧	2	20
2006年	早稲田実業	7	25
2007年	佐賀北	4	27
2008年	大阪桐蔭	4	19
2009年	中京大中京	5	20

「週刊ベースボール増刊」各年の全国高校野球選手権大会総決算号のデータをもとに作成

２０００年の智弁和歌山を除いたすべてが一桁台だ。こうした数字からも、夏の甲子園を制するには、プレッシャーのなかできめ細かな野球ができることが重要だということがわかる。

慶田城と我如古の連打で続いて、2盗塁を絡めて3点を奪う。投げては島袋が帝京打線を5安打完封して準決勝進出を決めた。

準決勝は2009年明治神宮大会覇者の大垣日大。この試合も、興南は勢いのまま優位に進める。2回一死後に山川が先制ホームランを放つと、さらに、四死球で塁を埋めた後に、2安打で追加点をあげる。3回には真栄平から4本の長短打でさらに追加点をあげた。また、山川はツーベースが出ればサイクルヒットとなるほどの活躍で、4打点を記録した。投げては島袋が6回二死までノーヒットピッチングという完璧な内容で試合を支配した。最終的には10対0と大差で勝利。

決勝の相手は敦賀気比《つるがけひ》や広陵などの強豪を倒し、4試合で41得点をあげた日大三だ。メンバーを見てもエースの山﨑福也《さちや》（現・オリックス・バファローズ）は、投げてはもちろんのこと、打っても大会記録となるヒット数を残す。さらに、髙山俊（現・阪神タイガース）や横尾俊建《としたけ》（現・東北楽天ゴールデンイーグルス）、ドラフト候補にも挙がった畔上《あぜがみ》翔といった超高校級の選手を揃えており、準決勝の広陵戦では、3試合で26回1／3を投げて防御率0・34という圧倒的な成績を残していた有原航平（現・福岡ソフトバンクホークス）を攻略し二桁得点をあげた。

そんな強打の日大三との試合は、延長12回までもつれる死闘となった。島袋は、試合序盤に自らのミスで先制点を許す。2回に先頭の山﨑に四球を与えると、続く6番吉沢翔吾の犠打を我如古が悪送球。畔上にも四球を与え、無死満塁の大ピンチを迎える。後続を連続で内野フライに打ち取ったが、続く1番小林亮治の打席で、島袋が牽制の際にまさかの悪送球をし2点を先制される。さらに3回には平岩拓路《たくじ》にホームランを許して、3点差とされた。3点のビハインドの興南は、5回に銘苅がヒットで出塁すると、四球などでつないで二死満塁に。ここで国吉が三遊間を破り、1点を返す。続く6回には、二死2塁から山川のタイムリーで1点差にすると、二死1、2塁から島袋の自らを援護する2点タイムリーツーベースで逆転する。さらに大城も続いてこの回に一挙4点をあげた。

意地を見せたい日大三はその裏に、一死から大塚和貴のホームランで1点差にする。さらに、鈴木貴弘がライトへのスリーベースを放つと、ここで小林がスクイズを決めてすぐさま追いついた。その後は両投手譲らない展開になる。島袋と山﨑はこの大会だけで40イニング以上投げることになるが、お互いのプライドがぶつかり合い、延長11回までゼロ行進が続いた。延長11回に日大三はランナーを出したものの、バントミスでサヨナラのチャンスを活かしきれなかった。その後の12回に興南は日大三を攻め立てる。一死から真栄平が日大三の守備の連係ミスで出塁。さらに銘苅の打席で、真栄平が相手捕手のファンブルの間に2塁を盗む。ここで日大三は山﨑から吉沢にスイッチ。しかし流れを止められず、銘苅と山川に連続四球で満塁とする。ここで安慶名《あげな》舜《しゅん》がサードゴロを放つと、横尾の悪送球の間についに興南が2点を勝ち越す。続く島袋がセンターの頭を軽々越える2点タイムリーツーベースでダメ押し。その裏、島袋はランナーを出しながらも日大三打線を抑えて、興南がセンバツ初優勝を成し遂げた。

　この試合の島袋は、打ち込まれる場面がありながらも、12回198球の熱投を見せた。大会を通して驚異的なスタミナを見せたが、前年は体力不足から試合終盤に失点をした。そのため、冬場は3日連続の150球の投げ込みや、40段ある階段での左足ジャンプで軸足を強化した。この効果もあり、延長に入っても140㎞／hを超えるストレートを記録した。その結果、46イニングで49奪三振、防御率1・17を記録。名実ともにナンバー1投手となった。また、この大会では、興南・我如古と日大三・山﨑が大会通算最多安打となる13を記録。さらに我如古は最多連続打数安打8を記録しており、これは2023年の春時点で破られていない。この大会の興南は、島袋と強力打線、試合運びの上手さで各チームを圧倒した形で春の頂点に立った。

　春の王者として迎えた夏の沖縄県大会では、4月の沖縄県春季大会覇者である糸満の宮國椋丞《りょうすけ》（現・横浜DeNAベイスターズ）を決勝で攻略して春夏連続出場を決めた。その中心になったのは、センバツで大会通算最多安打記録を作り、打率5割6分5厘を記録した我如古だ。

彼は夏の甲子園でも打率4割8分というハイアベレージを残して、エース・島袋洋奨を援護した。興南は、春と同様に明徳義塾や仙台育英、聖光学院、報徳学園、東海大相模といった全国屈指の強豪に勝利して優勝している。

興南(2010年夏)大会戦績

1回戦　:興南　9－0　鳴門
2回戦　:興南　8－2　明徳義塾
3回戦　:興南　4－1　仙台育英
準々決勝:興南　10－3　聖光学院
準決勝　:興南　6－5　報徳学園
決勝　　:興南　13－1　東海大相模

興南が強豪校に負けない力を身につけることができたのは、2009年の課題だった「粘り弱さ」と「貧打」を克服したからである。実際、同年のセンバツは、初戦の富山商業相手に延長10回を無得点に終わり、夏も初戦の明豊相手に3点をリードするものの、9回裏に逆転負け

興南(2010年夏)大会オーダー・成績

オーダー　打撃・投手成績

打順	守備位置	選手	試合	打数	安打	打率	本塁打	打点
1	二	国吉大陸	6	25	14	.560	1	3
2	中	慶田城開	6	19	11	.579	0	10
3	三	我如古盛次	6	25	12	.480	1	8
4	一	真栄平大輝	6	25	5	.200	0	2
5	右	銘苅圭介	6	24	10	.417	0	5
6	捕	山川大輔	6	25	9	.360	0	2
7	左	伊礼伸也	6	23	8	.348	1	6
8	投	島袋洋奨	6	21	6	.286	0	4
9	遊	大城滉二	6	19	8	.421	0	5

チーム打率.399

		選手	登板	投球回数	奪三振	自責点	防御率	
		島袋洋奨	6	51回	53	11	1.94	
		川満昂弥	2	3回	5	0	0.00	

チーム防御率1.83

守備陣形

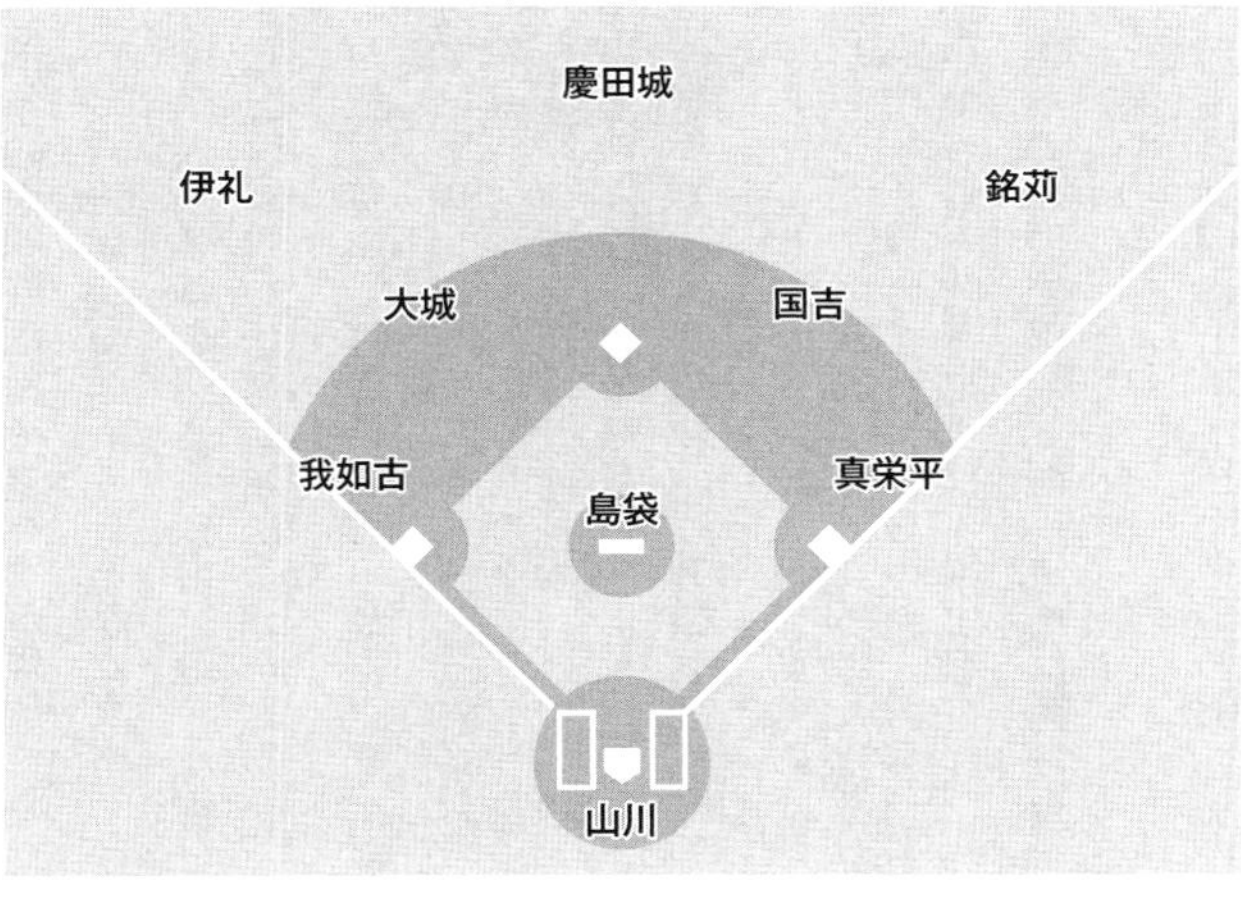

を喫していた。しかし幸いにも、2010年の興南は前年の甲子園出場メンバーが残っていた。貧打で苦しんだ打線は、前年の悔しさを晴らすかのように、強豪校のエースを難なく攻略できるレベルにまで達した。この世代は、スタメンの9人中7人が3割を超える強力打線。4割を超える打者も5人いた。チーム打率は、夏の甲子園歴代でもトップ10に入る記録となる。

初戦の鳴門戦は、前評判通りの試合運びを見せる。打線は毎回安打の15安打・9得点を記録。なかでも切り込み隊長の国吉が2安打・1本塁打、我如古と山川は3安打を記録。投げては、島袋が7回7奪三振のピッチングを見せた。

続く2回戦の相手は明徳義塾。興南は初回に無死満塁から併殺の間と銘苅のタイムリーで2点を先制した。明徳義塾は2回に杉原賢吾のタイムリーで1点を返す。1点差にされた興南は、4回に二死から伊礼のホームランで追加点をあげる。さらに、5回と6回にも追加点をあげて突き放した。最終的には全員安打の13安打・8得点を記録し、投げては島袋が12奪三振の好投を見せて快勝した。島袋は、序盤は速球主体だったが中盤から変化球を多投、緩急をつけた八分目の力でかわした。さらに、試合巧者で有名な明徳義塾の馬淵史郎監督が「興南は勝ち方を知っている」[*1]とコメントするほど、試合運びの上手さも見られた。

次の3回戦も、名門の仙台育英との対戦となった。興南は初回にトップバッターの国吉がい

し、好投手同士の対戦だったにもかかわらず、打撃戦となった。日大三は畔上にヒットはなかったものの、横尾が2安打・2打点、髙山が3安打・1打点、菅沼賢一が3安打・3打点、吉永が2安打・3打点を記録し、どこからでも得点をあげられる強打を見せつけた。

3回戦は智弁和歌山との強打チーム対決となった。日大三は初回に二死2塁から横尾のタイムリーで先制。さらに髙山のライトオーバーのスリーベースと相手のエラーで3点をあげた。続く2回にも、相手のエラーと横尾のタイムリーで5点差とした。先発の吉永は、智弁和歌山打線に3回、5回に1点ずつ取られ、7回には2本のタイムリーで1点差にされる。追い上げられた日大三は8回、2回戦でも活躍を見せた伏兵・菅沼の一発で突き放して、なんとか勝利した。日大三は10安打・6得点の打力はもちろんのこと、智弁和歌山の守備のミスにも助けられて勝利した。

続く準々決勝の相手は習志野。関東勢同士となった。ここ2試合苦しんだ吉永は、この試合で大会初となる完封勝利をあげる。6回まで毎回のように得点圏にランナーを背負うが、踏ん張って4安打無失点に抑えた。打線は、2回にフィルダースチョイスで先制し、清水が2点タイムリーを放ち3点差に。そして、9回には畔上が2点タイムリーツーベースを放ち、試合を決めた。

準決勝の関西との対戦では序盤に両校得点をあげて、1対1で迎えた7回に日大三が無死から鈴木の四球を足掛かりに満塁のチャンスを作る。ここで、金子がライト前に勝ち越しタイムリーを放つ。さらに、相手のエラーと横尾の2点タイムリー、菅沼のスリーランホームランで、一気に8点をあげた。投げてはこの大会初めてのマウンドとなった斉藤風多が4回1／3を1失点という好投を見せた。5回に一死1、2塁の場面でマウンドに上がった吉永はそのピンチを切り抜け、4回2／3を投げて10奪三振を記録。決勝進出を決めた。

決勝の光星学院戦では、これまでの集大成と言える結果を残した。日大三は、3回に二死1、3塁から髙山のバックスクリーンへのスリーランホームランで先制する。その髙山は5回に守備でも見せる。二死1、2塁からライト前への打球を好返球してランナーをホームで刺し、光星学院に得点を与えなかった。また、準決勝に続いて決勝でも、相手投手の疲れが見えはじめるラッキーセブンに打線が爆発する。畔上や横尾、髙山のクリーンナップによるタイムリーや、鈴木のツーランホームランで5点をあげて試合を決めた。最後はエース吉永が145㎞／hのストレートで三振を奪って夏の頂点に立った。

この世代は、2001年の90安打・7本塁打には及ばなかったものの、総得点は11点も上回る61を記録した。大会通算55打点は、2008年の大阪桐蔭に次いで2位の記録となった。さらに、打撃力に隠れていたが、失策を2に留める固い守備で、全試合投げきった吉永を盛り立てた。強打のイメージが先行しているが、犠打も21を記録しており、細かいプレーの精度の高さも見られた。

藤浪《ふじなみ》・森を中心としたチームビルディングで春夏連覇――2012年の大阪桐蔭

2012年の大阪桐蔭は、藤浪晋太郎（現・オークランド・アスレチックス）と森友哉（現・オリックス・バファローズ）のバッテリーを中心としたチームビルディングで、春夏甲子園と国体を制覇した。センバツでは、大会前の下馬評が高かった花巻東や九州学院が集まるブロックで、準々決勝も歴代最高峰のメンバーが揃っていた浦和学院と対戦。決勝は前年の夏に準優勝に輝き、明治神宮大会覇者の光星学院と対戦するなど、大会序盤から終盤まで注目度の高い試合が行われた。

大阪桐蔭（2012年春）大会戦績

1回戦　：大阪桐蔭　9－2　花巻東
2回戦　：大阪桐蔭　5－3　九州学院

準々決勝：大阪桐蔭　3－2　浦和学院
準決勝　：大阪桐蔭　3－1　健大高崎
決勝　　：大阪桐蔭　7－3　光星学院

センバツは初戦から強豪校との対戦となった。その初戦は二刀流で世界的な活躍を見せる大谷翔平（現・ロサンゼルス・エンゼルス）を擁する花巻東との対戦。この当時は、大谷も藤浪も互いに「ダルビッシュ二世」と呼ばれており、注目の対戦になった。先制したのは花巻東。2回に大谷がカウント2－2から116㎞／hの甘く入ったスライダーを捉えて、右中間に先制ホームランを放つ。さらに4回には田中大樹のタイムリーで2点差とする。大阪桐蔭は5回まで大谷に対し四死球でランナーは出すものの、2安打・6奪三振に抑えられる。ただ、6回に意地を見せる。一死2、3塁から安井洸貴《こうき》のセカンドゴロの間に1点を返すと、続く1、3塁の場面で笠松悠哉が左中間にタイムリーツーベースを放ち、逆転に成功する。さらに、7回には田端良基がツーランホームランを打ち、突き放した。

大谷は11三振を奪うも、怪我で実戦のマウンドから半年以上遠ざかっていた影響もあり、スタミナ切れを露呈。四死球も11を記録し、試合終盤に大量失点した。藤浪は先制点を許しなが

大阪桐蔭（2012年春）大会オーダー・成績

オーダー　打撃・投手成績

打順	守備位置	選手	試合	打数	安打	打率	本塁打	打点
1	捕	森友哉	5	18	8	.444	1	2
2	二	大西友也	5	19	6	.316	0	0
3	右	水本弦	5	18	5	.278	0	1
4	一	小池裕也	5	15	4	.267	1	2
5	左	安井洸貴	5	20	6	.300	0	3
6	三	笠松悠哉	5	19	7	.368	2	7
7	中	白水健太	5	18	5	.278	0	3
8	遊	水谷友生也	5	16	3	.188	0	1
9	投	藤浪晋太郎	5	16	4	.250	1	2
		田端良基	1	3	2	.667	1	2
		妻鹿聖	2	1	0	.000	0	0

チーム打率.303

		選手	登板	投球回数	奪三振	自責点	防御率	
		藤浪晋太郎	5	40回	41	7	1.58	
		澤田圭佑	1	5回	2	1	1.80	

チーム防御率1.60

守備陣形

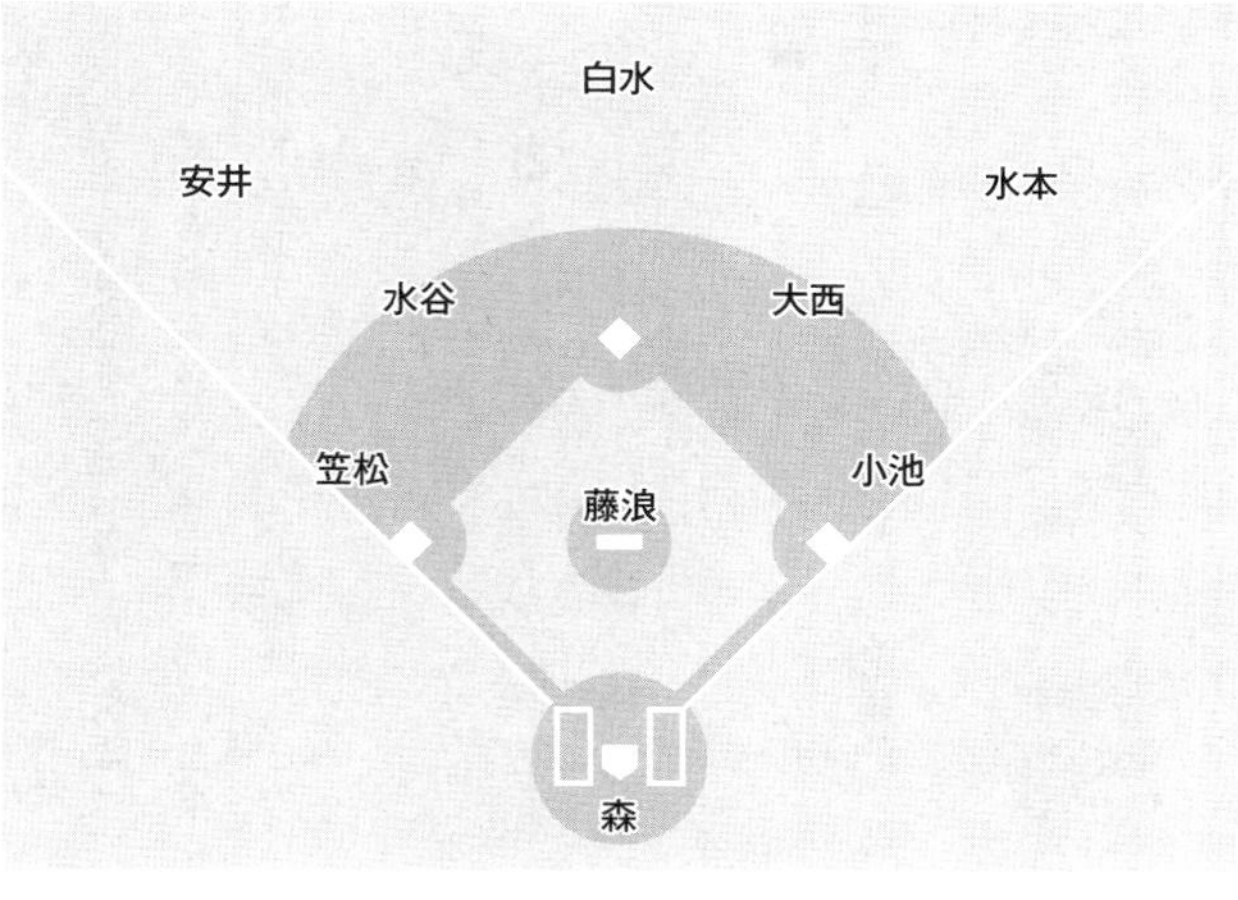

らも、12奪三振・四死球2を記録。12奪三振の内訳はストレート4、スライダー6、不明2で、ストレートはもちろんのこと、スライダーも有効活用し、空振り9個を記録。花巻東打線は、藤浪対策でストレートを待っていたが、切れ味鋭いスライダーを振らされ、空振りの山を築く結果になった。注目度が高い好投手同士の初戦は藤浪に軍配が上がったが、大阪桐蔭はこの試合で4番に座る田端が骨折するアクシデントが起こる。

2回戦は、九州学院との対戦。九州学院はエースの大塚尚仁《たかひと》（元・東北楽天ゴールデンイーグルス）と溝脇隼人《はやと》（現・中日ドラゴンズ）、萩原英之を中心とするチームだ。この試合も中盤まで投手戦になる。4回に二死2、3塁から米井健太の2点タイムリースリーベースで九州学院が先制。大阪桐蔭はビハインドの展開になるが、6回に二死1、2塁から笠松のスリーランホームランで逆転に成功。笠松は初戦に続いて逆転打を記録し、まさにラッキーボーイ的な存在になった。さらに、7回には藤浪の自らを援護する一発で突き放した。大阪桐蔭は、最終的に5対3で逆転勝ちして、準々決勝進出を決めた。

準々決勝の浦和学院戦は、春夏連覇へのターニングポイントになった試合である。浦和学院は、エースでありながら打撃力も高かった佐藤拓也や、翌年のセンバツ優勝メンバーを揃えていることから、歴代最強に近いメンバーだった。

この試合は両校のエースはベンチスタートで、大阪桐蔭は澤田圭佑《けいすけ》（現・千葉ロッテマリーンズ）、浦和学院は山口瑠偉《るい》の先発となった。浦和学院は初回に笹川晃平のタイムリーで先制。それ以降は、両校の先発が好投を見せる投手戦になった。大阪桐蔭の澤田は初回こそ1点を与えたが、5回1失点の好投を見せ、浦和学院の山口は緩急を上手く使い、大阪桐蔭打線を翻弄し、3安打に抑える。両校6回からエースをマウンドに上げる。大阪桐蔭は7回に先頭の森がヒットで出塁し、4番の小池裕也が送る。そして、この大会のラッキーボーイの笠松がタイムリーを放ち、追いつく。しかし、藤浪はその裏に三連打を浴びて無死満塁のピンチを背負う。ここで気持ちを切り替えたのか、自己最速を更新する153㎞／hのストレートなどで、三者連続三振を奪って絶体絶命のピンチを切り抜ける。だが、続く8回に二死満塁からバッテリーミスで勝ち越しを許してしまう。

9回の大阪桐蔭は先頭の森がヒットを放ち、2塁を陥れようとするも刺されてしまう。再度絶体絶命の展開に。ただ、大阪桐蔭のベンチはイケイケで、優位に進めているはずの浦和学院が追い詰められているような雰囲気だった。続く小池がフルカウントから四球を選び、安井が2ストライクと追い込まれながらも、左中間への同点タイムリーツーベースを放つ。そして二死後に白水健太がタイムリーを放ち、逆転に成功する。最後は藤浪が二死から連打でランナーを背負うも、抑えて劇的な逆転勝利をあげた。センバツの球史に残る好試合だった。大阪桐蔭は、このセンバツの舞台で3試合連続逆転勝利を決めた。

準決勝は、この試合前まで16個の盗塁を決めていた健大高崎。大阪桐蔭は健大高崎の三木敬太が左腕ということもあり、1番に大西友也を起用する。2回に健大高崎は藤浪に対して盗塁を試みるが、森に刺される。その裏に小池がヒットで出塁して笠松が送り、安井が内野安打でつなぐ。そして、白水のタイムリーで先制。大阪桐蔭はこの大会で初めての先制点を記録した。それ以降はまたも投手戦になる。互いに譲らないまま、8回に健大高崎の竹内司のホームランで追いつかれる。しかしその裏に森が、2年生ながらも左中間スタンドに飛び込むホームランを打ち勝ち越す。さらに笠松のホームランで追加点をあげた。

健大高崎は藤浪・森バッテリーの前にまったく歯が立たず、自慢の機動力を活かしきれなかった。大阪桐蔭は大西が1番の起用に応え、3安打の猛打賞を記録。浦和学院戦と同様に、小池や安井でチャンスを作り、白水が返す得点パターンも見られた。森・笠松の2年生コンビのホームランも出て、初のセンバツ決勝進出を決めた。

決勝の相手は前年の夏の甲子園で準優勝、明治神宮大会を制覇している光星学院。野手は北條史也（現・阪神タイガース）や田村龍弘（現・千葉ロッテマリーンズ）、投手は城間竜兵と金沢湧《ゆう》紀《き》の二枚を中心とするチームビルディングで勝ち上がった。準決勝までは4試合で27得点を記録する強力打線で、初優勝を狙った。初回に藤浪はピンチを背負うも、なんとか凌ぐ。その裏の大阪桐蔭は、二死から水本弦がヒットで出塁し、2回戦から4番に座る小池が先制ツーランホームランを放つ。しかし、3回に大阪桐蔭は田村と北條に連続ツーベースを打たれると、5番の武田聖貴のタイムリーで同点に追いつかれる。

その後、藤浪は一死1、3塁のピンチを背負うが、併殺打で切り抜ける。追いつかれた大阪桐蔭は、その裏に小池がヒットで出塁し、安井が勝ち越しとなるタイムリースリーベースを放つ。さらに笠松の死球で無死1、3塁にすると、白水のタイムリーで点差を広げる。ここで光星学院は金沢をマウンドに上げるが、犠牲フライで3点差にされる。5回に光星学院は田村がヒットで出塁し、北條が左中間へのタイムリーツーベースを放ち、2点差にする。その後も一死1、3塁にされるが、城間の打球に対してサード笠松がファインプレーを見せ、なんとかピンチを凌ぐ。大阪桐蔭は、7回と8回に犠牲フライを1本ずつ放って突き放した。藤浪は最終回もランナーを背負うが、最後の打者をレフトフライに抑えて、センバツ初優勝を果たした。

初戦で主砲の離脱があり、得点力が下がることが懸念されていたなかで、ここ一番の勝負強さを見せ、逆転勝利で勝ち上がった。前年夏に甲子園まであと一歩のところで逆転負けを喫したせいか、この世代は最後まで勝つことへのこだわりが見えた。その結果、春夏連覇の序章がここに始まった。

センバツを制した大阪桐蔭は、さらにレベルアップする。同年の夏の甲子園では相手を寄せ付けず一度もリードを許さず、力の差を見せつけた。

大阪桐蔭（2012年夏）大会戦績

2回戦：大阪桐蔭 8－2 木更津総合
3回戦：大阪桐蔭 6－2 済々黌《せいせいこう》
準々決勝：大阪桐蔭 8－1 天理
準決勝：大阪桐蔭 4－0 明徳義塾
決勝：大阪桐蔭 3－0 光星学院

この夏の甲子園における藤浪のパフォーマンスは、歴代の優勝投手のなかで最高と言っても過言ではない。初戦の木更津総合戦から危なげないピッチングを見せる。この試合では、自己最速タイの153㎞／hと14奪三振を記録。野手陣も、センバツでラッキーボーイだった笠松

げた興南と比較しても、この年の大阪桐蔭は選手個人の能力が高いことがわかる。とくにバッテリーの藤浪と森は、プロ野球選手が高校生と一緒にプレーしているようにも見えた。この優勝から大阪桐蔭は、甲子園で「勝って当たり前」と見られる常勝チームになったと言っていいだろう。

高校野球100年、プロ級の投手陣と強力打線で栄冠に――2015年の東海大相模

高校野球が誕生から100年の節目を迎えた2015年の夏の甲子園は、清宮幸太郎（現・北海道日本ハムファイターズ）が1年生ながら3番に座る早稲田実業や、リードオフマンとして活躍を見せたオコエ瑠偉《るい》（現・読売ジャイアンツ）を擁する関東一がベスト4まで勝ち上がり、関東の高校3校がベスト4入りする大会となった。

この年の優勝を飾った東海大相模は、前年夏の甲子園を経験した小笠原慎之介（現・中日ドラゴンズ）と吉田凌《りょう》（現・オリックス・バファローズ）というドラフト指名クラスの投手二枚を軸に勝ち進んだ。また、野手陣も杉崎成輝を中心に得点力があり、神奈川大会決勝では藤平尚真《しょうま》（現・東北楽天ゴールデンイーグルス）や増田珠《しゅう》（現・福岡ソフトバンクホークス）らがいた横浜を9対0のスコアで圧倒して甲子園出場を決めた。

東海大相模（2015年夏）大会戦績

2回戦　：東海大相模　6－1　聖光学院
3回戦　：東海大相模　11－2　遊学館
準々決勝：東海大相模　4－3　花咲徳栄
準決勝　：東海大相模　10－3　関東一
決勝　　：東海大相模　10－6　仙台育英

前年は夏に初戦敗退と、悔しい思いをした東海大相模。この年は大会前から優勝候補筆頭に挙げられていて、初戦から順調な試合運びを見せた。初戦の聖光学院戦は、初回に二死から杉崎がツーベースを放つと、豊田寛のタイムリーで先制。豊田はすかさず盗塁を決め、磯網栄登《いそあみえいと》がツーベースで追加点。その後も長倉蓮の2点タイムリーツーベースなどで4点のリードを奪う。さらに、3回にも4連続長短打で2点を追加して主導権を握った。最終的には10安打・6得点を記録。先発はエースの小笠原ではなく吉田だったが、8回1／3を投げて試合を作り、最後は小笠原が締める豪華投手リレーを見せ、投打で圧倒して初戦を突破した。

東海大相模(2015年夏)大会オーダー・成績

オーダー　打撃・投手成績

打順	守備位置	選手	試合	打数	安打	打率	本塁打	打点
1	二	千野啓二郎	5	23	6	.261	0	1
2	中	宮地恭平	5	24	7	.292	0	5
3	遊	杉崎成輝	5	21	12	.571	0	6
4	右	豊田寛	5	21	8	.381	1	6
5	一	磯網栄登	5	20	12	.600	0	7
6	捕	長倉蓮	5	17	8	.471	0	5
7	左	竹内大貴	5	20	8	.400	0	4
8	三	川地星太朗	5	16	2	.125	0	2
9	投	小笠原慎之介	5	11	3	.273	1	2
		吉田凌	3	7	1	.143	0	0

チーム打率.370

		選手	登板	投球回数	奪三振	自責点	防御率	
		小笠原慎之介	5	25回	20	9	3.24	
		吉田凌	3	19回	13	4	1.89	
		北村朋也	1	1回	1	0	0.00	

チーム防御率2.60

守備陣形

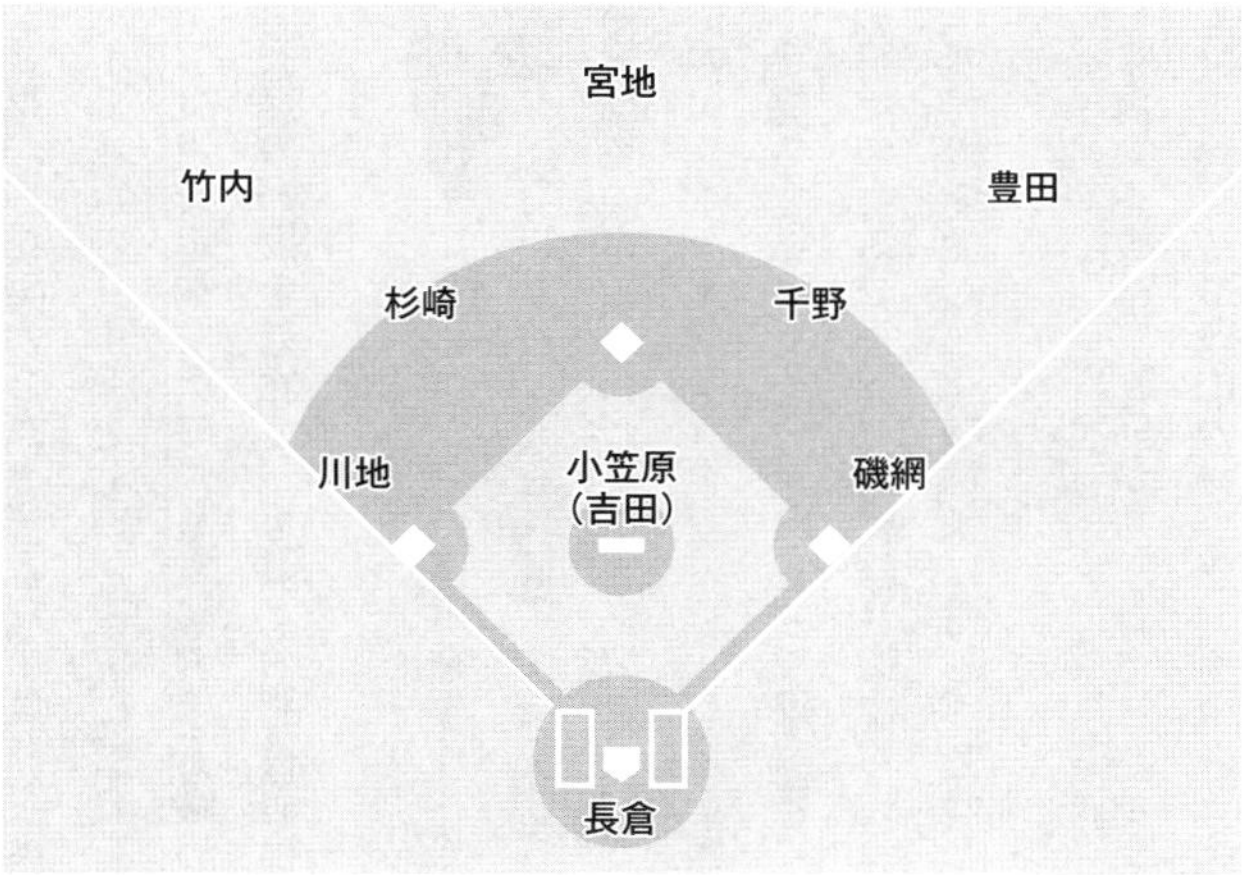

3回戦の遊学館戦も初回から攻め立てる。無死1、2塁から杉崎の2点タイムリースリーベースで先制。さらに、磯網のタイムリーと相手のエラーで4点のリードを奪い、優位に試合を進めた。4回には千野啓二郎と宮地恭平のタイムリーで2点を追加。その後も攻撃の手を緩めず、18安打・11得点をあげた。先発の小笠原は8回2失点の好投を見せて、2番手の北村朋也にいい形でつなぐ。11対2で準々決勝に進んだ。

準々決勝の花咲徳栄戦も東海大相模が先制したが、花咲徳栄は3回に先発の吉田を攻め立てて逆転に成功。その後互いに1点ずつ追加したまま終盤に差し掛かると、花咲徳栄に暗雲が垂れ込める。8回に東海大相模は、花咲徳栄2番手の高橋昂也のボークなどでチャンスを広げて、長倉の犠牲フライで追いつく。さらに、最終回に相手のエラーなどでサヨナラのチャンスを作ると、二死2塁の場面で杉崎がタイムリーツーベースを放ち、見事なサヨナラ勝ちで準決勝に進んだ。この試合では、2番手としてマウンドに上がったエース・小笠原の好リリーフも光った。また、打線はこの試合も二桁安打となる11安打・4得点を記録。花咲徳栄に対し、じわじわとプレッシャーをかけて、最終的には勝利した。

準決勝の相手はオコエを擁する関東一。この試合も東海大相模は、初回から千野のヒットと宮地のツーベースで先制。さらに、杉崎のタイムリーツーベースや豊田のツーランホームランで4点をあげる。その後、2回にも相手のエラーで追加点をあげ、5回、6回にも得点を積み重ねた。先発の吉田は前回の試合とは打って変わり、序盤からオコエを完璧に抑え、7回1失点の好投を見せた。初戦と同様に吉田から小笠原への継投策で、この試合も危なげなく10対3のスコアで勝利し、決勝進出を決めた。

決勝は大会前の下馬評通り、明治神宮大会優勝校で、佐藤世那《せな》（元・オリックス・バファローズ）と郡司裕也（現・中日ドラゴンズ）のバッテリーや平沢大河《たいが》（現・千葉ロッテマリーンズ）を擁する仙台育英との対戦。この試合も、初回に東海大相模が杉崎のタイムリーで先制。3回には長短打4連打で2点を追加した。意地を見せたい仙台育英は、その裏に相手のエラーを絡めて3本のタイムリーで1点差とする。その後の4回に東海大相模は、二死2塁から宮地と豊田のタイムリーで2点を追加して、突き放す。

しかし、仙台育英も粘りを見せる。6回に一死から四球と2本の短打で満塁のチャンスを作ると、佐藤将太が同点タイムリースリーベースを放ち、試合終盤に差し掛かる前に一気に追いつく。7回、8回は互いに譲らず、9回に試合が再び動いた。小笠原が、佐藤世那の浮いたフォークを狙い打つ。その結果ホームランとなり、自らのバットで勝ち越し。その後も緊張感が切れた佐藤世那を攻め立て、追加点をあげた。最後は小笠原が三者凡退に打ち取り、東海大相模が45年ぶりの夏の甲子園優勝を飾った。

この大会の東海大相模は、プロ入りする小笠原、吉田の投手力はもちろんのこと、打撃力も高かった。初戦から決勝まですべての試合で先制点をあげており、かつ5試合中4試合は初回に先制点をあげた。さらにすべての試合で二桁安打を記録するなど、大会を通して優位に試合を進めていたことがわかる。チーム打率はベスト4以上の高校でダントツの3割7分を記録した（仙台育英3割2分9厘、関東一3割、早稲田実業3割4分7厘）。守備もベスト4以上の高校では早稲田実業と並んで失策5と最少（仙台育英6、関東一10）。投打ともに盤石な体制の東海大相模は、高校野球誕生100周年を祝う年の優勝校として、ふさわしい強さを見せた。

投打の運用力で春2連覇と春夏連覇を達成した「最強世代」——2018年の大阪桐蔭

2018年の大阪桐蔭は、中心選手のほとんどが2年生のときから注目されていた。2年生の年は、センバツ優勝を果たし、国体は準優勝。3年生になった年は、二刀流で甲子園を沸かせた根尾昂や4番打者として活躍した藤原恭大がチームの中心となり「最強世代」と呼ばれた。

根尾、藤原に加え、投手の柿木蓮と横川凱もドラフト指名され、この世代はプロ入り選手がなんと4人。侍ジャパンU－18代表にも、柿木、根尾、藤原とキャッチャー小泉航平、サード中川卓也の5人が選出された。プロ入りせずに進学した選手たちも活躍しているのを見ると、「最強世代」の名前にふさわしいチームだったことがわかる。

大阪桐蔭（2017年春）大会戦績

1回戦　：大阪桐蔭 11－0 宇部鴻城《こうじょう》
2回戦　：大阪桐蔭 11－8 静岡
準々決勝：大阪桐蔭 4－2 東海大福岡
準決勝　：大阪桐蔭 2－1 秀岳館
決勝　　：大阪桐蔭 8－3 履正社

春2連覇の序章となった2017年の大会を振り返ると、力の差を見せた試合から接戦まで、バリエーション豊かに勝ち上がった。初戦の宇部鴻城戦は、初回に無死満塁から山本ダンテ武蔵《むさし》の押し出し四球と根尾の2点タイムリーなどで5点を奪う。さらに4回には山田健太のツーランホームランで追加点をあげた。その後も得点を積み重ね、最終的には9安打・11得点を記録。投げては徳山壮磨《そうま》（現・横浜DeNAベイスターズ）から香川麗爾《れいじ》、柿木とつないで完封

大阪桐蔭（2017年春）大会オーダー・成績

オーダー　打撃・投手成績

打順	守備位置	選手	試合	打数	安打	打率	本塁打	打点
1	中	藤原恭大	5	24	5	.208	2	2
2	左	宮崎仁斗	4	15	2	.133	0	0
3	一	中川卓也	5	19	7	.368	0	2
4	右	山本ダンテ武蔵	5	18	6	.333	0	3
5	三	山田健太	5	21	12	.571	1	8
6	捕	福井章吾	5	18	3	.167	0	3
7	二	坂之下晴人	5	19	7	.368	1	3
8	遊	泉口友汰	4	6	2	.333	0	1
9	投	徳山壮磨	5	13	4	.308	0	1
		根尾昂	5	19	4	.211	0	4
		西島一波	3	2	2	1.000	1	3

チーム打率.313

		選手	登板	投球回数	奪三振	自責点	防御率	
		徳山壮磨	5	39回	32	7	1.62	
		根尾昂	2	3回	2	0	0.00	
		香川麗爾	2	1回2/3	0	1	5.40	
		柿木蓮	1	1回	1	0	0.00	
		横川凱	1	0回1/3	1	4	108.00	

チーム防御率2.40

守備陣形

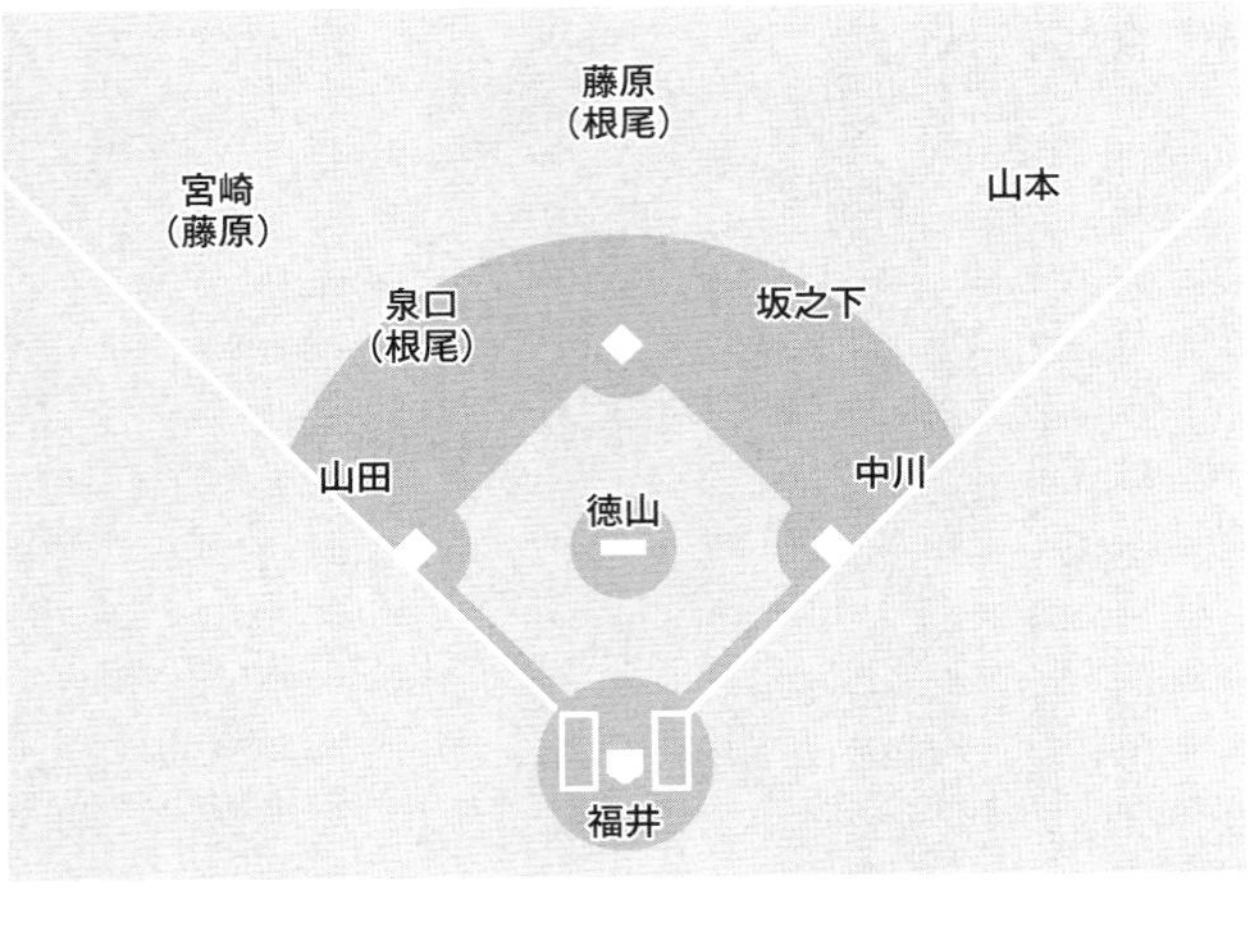

勝利をあげた。

続く2回戦の静岡との試合は打撃戦になった。大阪桐蔭は初回に相手のミスにつけ込み、10人で6点を先制。しかし、その裏に横川が1回持たずにKOされ、香川も流れを止められずに同点にされる。さらに、2回に代わった徳山が森康太朗にタイムリーを打たれ勝ち越される。その後は徳山が踏ん張るが、7回には藤田誠也のタイムリーで追加点をあげられる。大阪桐蔭はここで意地を見せる。8回に追いつき、一死3塁から西島一波《いっぺい》のタイムリースリーベースで逆転。9回にも2点を追加し、最後は根尾が締めて、打撃戦を逆転勝ちで制した。大阪桐蔭はこの試合で、実戦を通して投手と野手を試しながら勝利したことが、この大会での大きなポイントとなった。

準々決勝は東海大福岡との対戦。この試合は前の試合とは打って変わり、投手戦になる。大阪桐蔭は5回に二死1塁から泉口《いずぐち》友汰のタイムリースリーベースで先制する。7回には山田と徳山のタイムリーで追加点をあげた。投げては徳山が8回に追い上げられるも、9回10奪三振・2失点の完投勝利をあげた。

準決勝は前年春から3季連続でベスト4入りしている秀岳館。この年は、田浦文丸《ふみまる》（現・福岡ソフトバンクホークス）と川端健斗の左腕二枚が高校屈指のレベルだった。この試合も投手戦になる。大阪桐蔭は6回に二死3塁から、この大会のラッキーボーイの山田のタイムリーで先制する。山田はさらに8回には一死2塁から左中間にタイムリーツーベースを放った。投げては徳山が1失点の完投勝利をあげた。

そして決勝の相手は前年の明治神宮大会を制しているライバル履正社。前年の秋季大会で大阪桐蔭は履正社に敗れている。この大一番でリベンジを果たしたいところ。この大会でなかなか当たりが出なかった藤原が先頭打者ホームランを放って、大阪桐蔭が先制。2回には坂之下《さかのした》晴人《はると》のホームランで追加点をあげ、6回には藤原がこの日2本目となるホームランを放ち、3点差とする。

しかし、8回に疲れが見えはじめた先発の徳山は、履正社打線に捕まる。履正社は石田龍《りゅう》史《じ》と安田尚憲《ひさのり》（現・千葉ロッテマリーンズ）のヒットで二死1、3塁のチャンスを作ると、続く若林将平のタイムリーで1点を返す。さらに、濱内太陽の2点タイムリーツーベースで同点に追いつく。だが、追いつかれても大阪桐蔭は冷静だった。9回の攻撃に入る前に円陣で「0対0のつもりでやろう」*7と声をかけ合った。先頭の坂之下がファーストストライクをたたいてヒットを生み出塁し、チームを勢いづける。泉口が送り、西谷氏は「ここは勝負をかけていくしかない」*8とのコメントの通り、徳山に代打・西島を送る。静岡戦で結果を残している代打の切り札は、4球目のストレートをたたき、レフトスタンドにツーランホームランを放った。ここから履正社は崩れていく。大阪桐蔭は4連打で3点を追加し、このイニングだけで5点をあげた。最後は根尾がランナーを背負うも、併殺打で締め、優勝を決めた。

大阪桐蔭は、この大会前に正捕手の岩本久重が怪我で離脱。キャプテンの福井章吾が正捕手としてカバーした。アクシデントに上手く対応したのは2012年も同じだったが、この大舞台でカバーできる層の厚さが感じられた。最強世代と呼ばれた2年生の代ではラッキーボーイの山田が打率5割7分1厘、中川も3割6分8厘を記録。藤原や二刀流の根尾は苦しんだが、このセンバツの経験は大きな財産になったに違いない。派手さはなかったものの、強豪との接戦を勝ち続ける強さを感じられる大会だった。

このチームをまとめた福井が主将を全うできたのは、同級生たちの支えはもちろんだが、西谷氏とのやり取りも大きかったようだ。「西谷先生から『とにかくお前がやるしかない、キャプテンがやるしかない』と日々、言われていましたので、それ以外にも毎日、僕のケツをたたくような熱い言葉をかけてくださって、それがあったからこそ新チームの期間はなんとか食らいついていけたのかなと思います」[*9]と振り返っている。

しかし、この年の夏の甲子園では3回戦で仙台育英にサヨナラ負けを喫する。サヨナラのきっかけとなった守備のミスをした中川やサヨナラ打を打たれた柿木は、非常に悔しい思いをしただろう。ただ、この敗戦が最強世代を、翌年に春2連覇と春夏連覇を成し遂げる「最強のチーム」に成長させる。

大阪桐蔭（2018年春）大会戦績

2回戦　：大阪桐蔭　14－2　伊万里
3回戦　：大阪桐蔭　5－1　明秀日立
準々決勝：大阪桐蔭　19－0　花巻東
準決勝　：大阪桐蔭　3－2　三重
決勝　　：大阪桐蔭　5－2　智弁和歌山

春2連覇を飾った2018年のセンバツは、大会序盤から優勝候補にふさわしい強さを見せた。初戦の伊万里との対戦は、初回から圧倒する。1番宮崎仁斗《じんと》、2番青地斗舞《とうま》の連打で、わずか9球で先制。さらに、根尾や石川瑞貴、小泉のタイムリーで一挙5点をあげる。その後も、攻撃の手を緩めずに得点を積み重ね、最終的には20安打・14得点を記録。投げては先発の柿木

野安打、5回にも藤原のホームランで追加点をあげた。1点差に詰め寄られた6回には、青地や中川などのタイムリーで6点を追加する。その後も藤原の2本目となるホームランなどで、最終的には12安打・11得点をあげた。投げては、根尾から柿木への投手リレーで快勝した。

準決勝の済美戦は、ここ2試合リリーフだったエースの柿木が先発。2回に山口直哉にタイムリーを打たれ先制を許すが、二死1、2塁のピンチで藤原がライト前への打球をレーザービームで返しランナーを刺して追加点を防いだ。先制を許した大阪桐蔭は、4回に山田のタイムリーと相手のバッテリーミスで勝ち越し、同点に追いつかれた後の5回には二死満塁から石川の2点タイムリーで再び勝ち越した。この試合では、クリーンナップに打点がなかったものの、石川、山田のタイムリーで済美のエース山口を打ち崩した。投げては柿木が155球の熱投を見せて、二度目の春夏連覇に王手をかけた。

そして決勝の相手は、この大会の「主人公」だった吉田輝星を擁する金足農業。大阪桐蔭からすると、球場の雰囲気はアウェイだったが、序盤からその勢いを圧倒的な実力で跳ね返す。初回にワイルドピッチで先制すると、石川のタイムリーツーベースでさらに2点を奪う。4回には宮崎のスリーランホームランで追加点をあげ、5回には根尾のホームランを含む7安打を浴びせ、一挙6点をあげて試合を決めた。投げては柿木が9回112球を投げきり、胴上げ投手となる。圧巻の強さで春夏連覇を成し遂げた。

前年の夏の甲子園3回戦で、仙台育英を相手に9回二死から逆転負けを喫した悔しさを翌年に晴らす形となった。2018年の大阪桐蔭は、ビハインドの場面を迎えても、必ず追いつき逆転する姿が印象的だった。選手の能力はもちろんのこと、西谷監督と選手の冷静さはまさに「勝者のメンタリティ」を体現していたのではないだろうか。

投手陣を見ると、柿木、根尾、横川の三本柱は、左右のバランスもあり、全員プロ入りするほどの実力を持っていたため、誰が先発しても大崩れすることがなく、非常にバランスよく運用ができていた。

柿木蓮

1回戦：9回　105球
2回戦：1回　24球
3回戦：4回　66球
準々決勝：4回　50球
準決勝：9回　155球

決勝　：9回　112球

根尾昂

2回戦　：8回　119球

準々決勝：5回　95球

横川凱

3回戦　：5回　78球

3回戦までに全投手先発させて大会中の調子を見た上で、結果的に柿木が準決勝と決勝は完投している。さらに各投手の登板間隔を、1から2戦目は中6日、2から3戦目は中2日にすることで、先発をローテーション化していた。

野手陣については、根尾と中川は複数のポジションを守れるため、ユーティリティプレイヤーとして起用されていた。高校野球ながら、先発投手のローテーション化や中心選手のユーティリティ化などプロ野球のような戦略を取り入れていたのである。

どの高校よりも勝利しながら、選手マネジメント力や戦略性も高いことを見ると、大阪桐蔭が常勝チームたる所以《ゆえん》がわかる。実際、２０１８年の大阪桐蔭は個人の力のみならず、選手マネジメントも申し分がなかった。センバツ後の4月から5月に行われた春季大阪府大会では、怪我やコンディションに配慮して、エースの柿木や4番の藤原をベンチ外にしながらも、大会を制する。続く春季近畿地区大会では、藤原は復帰したものの柿木と宮崎抜きで、この年のセンバツ決勝で対戦した智弁和歌山を下して優勝した。

ちなみにセンバツから試合に出続けていたのは、中川、根尾、山田、青地の4人のみ。主力以外も起用しながら春季大会を勝ち抜いた。この時点で選手層が厚く、主将・中川を中心にチームとしての完成度は相当高かった。その完成度の高さから、日本高野連・八田《はった》英二会長が「最強王者」とコメントするほどだった。

夏の甲子園のチーム成績を見ても、投手力は3投手が長いイニングを投げられることもあり、盤石だった。チームとして初の二度の春夏連覇、通算73本塁打は歴代1位を記録。同一監督の春夏通算七度目の優勝も歴代1位の記録となった。

この世代は、野球の上手さはもちろんのこと、常に追われているなかで、メンタリティの強さも感じられた。優勝インタビューで中川が「最高で本物のチーム」と答えたが、これは、前

大阪桐蔭の先発、川原は国学院久我山打線を相手に、一切隙を見せないピッチングを披露。4回裏には初安打を許しピンチを迎えるが、固い守備を活かした、打たせて取るピッチングで抑えた。6回裏には油断が出たのか今大会初の失策を記録したものの、川原に代わった別所孝《こう》亮《すけ》が2イニングを投げきり、試合終了。13対4で勝利した。大阪桐蔭は終始リードし、6回に失策が絡んで2点返されて以降は、一度も流れを渡さなかった。まさに、優勝候補筆頭のチームにふさわしい圧倒的な勝利だった。

決勝の相手は前年の夏の甲子園で敗れている近江。近江の先発、山田陽翔は死球の影響で、今大会初めて4番ではなく9番で出場。この打順変更からは、山田を早めに降板させるつもりだったことがうかがえる。

準決勝まで全試合完投し、前日の準決勝でデッドボールを受けて足に不安が残る山田は、明らかにベストなコンディションではなかった。そんな山田を、大阪桐蔭は1回表から打ち込む。1番の伊藤が近江のショート横田悟の失策で出塁すると、すかさず2番の谷口がヒットを放ち先制。このタイムリーで大阪桐蔭は今大会のすべての対戦相手から先制点を奪ったことになる。山田もコンディションが悪いながら、準決勝でホームランを放った3番の松尾や、8打席連続安打を記録した4番の丸山など、後続の打者を抑えていたものの、初回だけで球数は22球に到達。大阪桐蔭はただ先制するのみならず、球数を投げさせることでも山田を追い込んでいく。

2回に6番の田井が四球で出塁、7番の星子が送りバントを決め、9番の前田がタイムリー、という堅実な点の取り方をしたと思えば、3回には松尾がホームランを放ち、山田をノックアウト。あらゆる方法で得点を奪おうとする攻撃戦術が光った。大阪桐蔭打線は近江2番手の星野世那《せな》に対しても攻撃の手を緩めず、田井がホームランを放ち、大会新記録のチーム9本塁打を達成。2回戦は不戦勝だったため、本来よりも1試合少ない状況での新記録樹立は、この年の大阪桐蔭打線が圧倒的であることの証明であろう。

加えて、6回には3試合連続の二桁得点を達成。その後も、大会新記録をさらに伸ばすチーム11本目の本塁打が生まれ、先発選手全員がヒットを放つなど一方的に試合を進め、結果的に16安打で18得点と大量リードを奪った。

大阪桐蔭の先発、前田は序盤から奪三振ショーを披露。7回112球・11奪三振、被安打2と圧巻のピッチングを見せた。5回に守備の乱れから近江に1点を奪われたものの、自責点は0。大会通算での防御率は0・00を記録し、奪三振数はイニング数を上回る23。「高校生ナンバー1左腕」という前評判通りの活躍を見せた。8回からはこのセンバツで前田より長いイニングを投げ、幾多の快投を見せた川原が登板。その川原は2イニングを無失点に抑えて、見事に胴上げ投手になった。西谷監督が川原に最後のマウンドを託したのは、今大会の功労者へのご褒美、という意味合いもあったのではないだろうか。

18対1と圧倒的な点差で近江を下した大阪桐蔭だったが、この試合の原動力になったのは、昨年夏の敗戦の悔しさだっただろう。昨年の同カードでは、大阪桐蔭が4点を先取しながらも後半に失点し、逆転負けを喫した。この敗退の経験が、今年の大阪桐蔭の多彩な攻撃戦術と、投手陣の底上げにつながったように思える。

また、大きく成長を遂げた川原は、この年、春夏の甲子園と国体の三大会の初戦に先発したが、春のセンバツが転機だったのは間違いない。秋季大会全体の成績は申し分なかったが、明治神宮大会の敦賀気比戦で4失点を喫して、全国区の相手には課題を残していた。しかし、センバツでは初戦の鳴門戦で1失点の完投勝利をあげると、そこで自信をつけたのか、国学院久我山戦も7回を2失点に抑えた。最後は決勝の近江戦でリリーフとして優勝投手になった。チーム打率は驚異の3割8分6厘を記録。不戦勝があったなかで、チームの大会通算本塁打11は大会記録となった。チーム通算打点は、大会記録56に迫る49を記録。これは、不戦勝さえなければ更新していた可能性は高かっただろう。三度目の春夏連覇と1998年の横浜以来の主要大会グランドスラムを目指した大阪桐蔭は、夏の甲子園では準々決勝で下関国際に敗れる。しかし、その後の国体では、夏に敗れた下関国際や、夏を制した仙台育英を破って三冠となる優勝を果たした。

この世代は全体を通してみると、夏こそタイトルは取れなかったが、高いレベルでトータル・ベースボールを実現していた。また、秋まで前田頼りだった投手陣のなかでは、川原の成長がセンバツ以降に大きな影響を与えた。夏の甲子園、川原は初戦で苦しみながらも勝利。2戦目の二松《にしょう》学舎大附戦では、甲子園で初の完封勝利をし、球速も147㎞/hを記録して成長を見せた。準々決勝で敗れた際は川原の登板はなかったものの、国体も初戦と決勝で先発。夏の優勝校の仙台育英と聖光学院に対して完投勝利をあげ、世代最高レベルのエースへと成長を遂げた。

とくに、夏の甲子園でチーム打率が4割近かった仙台育英打線を1点に抑えたことで、さらに自信をつけたのではないだろうか。この川原の成長があったからこそ、大阪桐蔭は長いイニングを投げられる3投手（川原、前田、別所）を、先発ローテーションを組んで運用することができた。

野手陣を見ると、攻守の要の松尾をユーティリティプレイヤーとして起用した。さらに1、2番の伊藤と谷口は長打から出塁まで期待でき、クラッチヒッターとして優秀な丸山と海老根

大阪桐蔭(2022年夏)大会オーダー・成績

オーダー　打撃・投手成績

打順	守備位置	選手	試合	打数	安打	打率	本塁打	打点
1	三	伊藤櫂人	4	17	9	.529	1	1
2	右	谷口優斗	4	15	5	.333	0	4
3	捕	松尾汐恩	4	14	8	.571	2	9
4	一	丸山一喜	4	17	5	.294	0	5
5	中	海老根優大	4	15	7	.467	1	7
6	左	田井志門	4	15	4	.267	0	0
7	遊	大前圭右	4	10	2	.200	0	0
8	二	星子天真	4	16	5	.313	0	0
9	投	川原嗣貴	2	6	3	.500	0	0
		別所孝亮	3	2	0	.000	0	0
		前田悠伍	2	6	3	.500	0	1
		工藤翔斗	2	3	2	.667	0	0
		鈴木塁	2	5	1	.200	0	1
		近藤勝輝	2	2	1	.500	0	0

チーム打率.384

選手	登板	投球回数	奪三振	自責点	防御率
川原嗣貴	2	17回	14	3	1.59
別所孝亮	3	6回2/3	2	2	2.70
前田悠伍	2	9回1/3	13	3	2.89
小林丈太	1	2回	1	0	0.00
青柳圭佑	1	1回	0	0	0.00

チーム防御率2.00

守備陣形

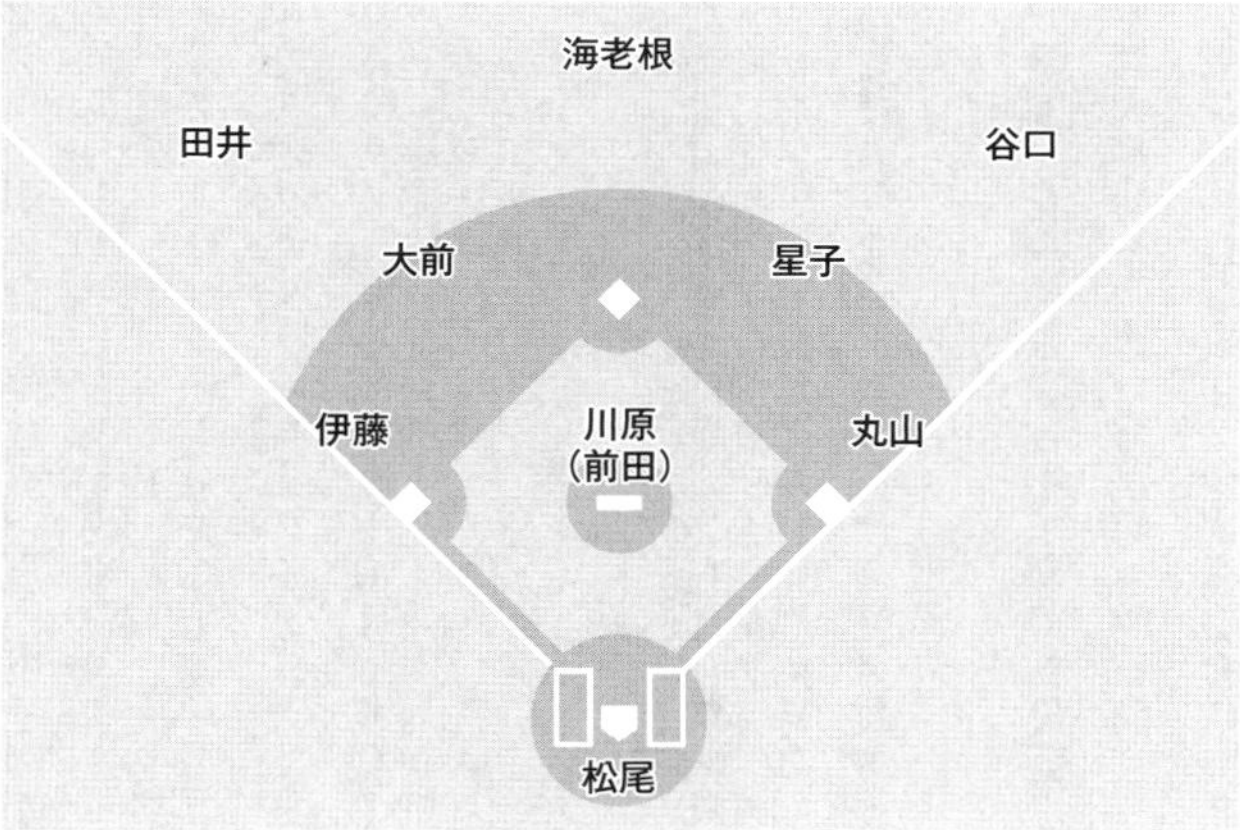

がクリーンナップとして並んでいた。チーム打率は、センバツが3割8分6厘、夏の甲子園が3割8分4厘と春夏を通して屈指の打力だった。

高校野球ではいままであまり見られなかった、先発投手のローテーション化や中心選手のユーティリティ化など、プロ野球で用いられるような戦略を取り入れている。どの高校よりも勝利しながら、新しいマネジメントや戦略を取り入れていることが、大阪桐蔭が2010年代から2020年代に至るまで強豪校である所以である。

覇権を握るためのトータル・ベースボール

2000年代は、打撃力と投手力の力技で勝てていたチームが多かったが、2010年代以降の野球は大きく変わった。これまでの高校野球の球史において、春夏連覇が10年以内に3回出たのは最多である。春夏連覇を果たした2校は、前述したようなチームビルディング力がどの高校よりもあり、勝利のために精度の高い野球をしていたことがわかる。

また2010年代は、興南や履正社、前橋育英、智弁学園、花咲徳栄など甲子園で初優勝を果たした高校はもちろんのこと、優勝は未経験ながらも健大高崎や明豊、秀岳館、明石商業、明秀日立、東海大菅生、関東一などの台頭が見られた。センバツは2012年から2016年まで5年連続で初優勝が続いた。

　甲子園の常連校も大きく変わっていった。これは言い方を変えれば、甲子園で勝ち上がれるノウハウがある高校とそうでない高校との格差が開いたということだろう。2000年代までトップを走っていたPL学園や横浜、帝京は甲子園でベスト4入り以上したのがいずれも2000年代が最後だ。この結果は、指導者の能力からリクルーティングまで、時代に追いつけていない状態が続いた結果と言っても過言ではない。

　逆に2010年代序盤に苦しんだ智弁和歌山は、高嶋政権晩年に復活を果たし、元プロ野球選手の監督として注目された中谷仁《じん》氏（元・読売ジャイアンツ）が就任した後は2021年の夏の甲子園を制している。作新学院も一時期は低迷していたが、小針崇宏《たかひろ》氏の就任後は高い勝率を記録し、2016年の夏の甲子園で優勝を果たす。その小針氏と同い年の須江氏が率いる仙台育英は、就任後1年目以外は常に甲子園でベスト8以上を記録し、悲願の優勝も果たしている。

　かつての強豪校でその強さを保っている学校もある。馬淵氏が率いる明徳義塾は、古き良きものを残しつつ、時代に適応しながら長年安定した成績を残している。大阪桐蔭の西谷氏と同様、時代に合う指導法でチームを甲子園の上位に導いている。また、情報を可視化したことが、逸材に入学してもらうためのリクルーティングから育成にまで大きく影響しているのがわかる。

甲子園で優勝するためには、目の前の試合のみならず、先の試合まで読みながら采配することが必要になっている。直近5大会の春夏優勝校と準優勝校の勝ち上がりを見ると、優勝校は余力を残して決勝に臨んでいる。逆に準優勝校は、エースに依存していることや、強豪校との対戦が続いて選手が疲弊したなかで決勝に臨んでいる傾向が強い。

具体的な例として、2023年のセンバツで初優勝を果たした山梨学院と準優勝の報徳学園を比較すると、山梨学院は準決勝こそ最終回までわからない試合展開だったが、準々決勝は大量点差で余力はあった。また、エースの林謙吾がほとんど投げたとはいえ、連投は準決勝から決勝のみ。1回戦から2回戦は119球で中5日、2回戦から3回戦は119球で中2日、3回戦から準々決勝は102球で中1日、準々決勝から準決勝は96球で中1日と、点差を考慮してもそこまで切り詰めた運用ではなかった。逆に報徳学園は、3回戦の東邦戦から準決勝の大阪桐蔭戦まで1点を争う試合で、決勝は投手陣が疲弊しており、逆転負けを喫した。

2022年夏の甲子園で優勝を果たした仙台育英も、厳しい試合は3回戦の明秀日立のみで、準々決勝と準決勝は余力を残せる試合展開だった。逆に下関国際は、準々決勝で大阪桐蔭と死闘を繰り広げ、準決勝の近江戦ではリリーフの仲井慎が、この大会で唯一5イニング以上投げ

がわかる。しかし、2012年の大阪桐蔭と2016年の作新学院の犠打の数は一桁。大阪桐蔭は、試合序盤では選手に任せる形で自由に打たせ、試合中盤まで接戦であれば、送ることやスクイズはもちろんのこと、バントやヒットエンドランを仕掛ける場面が多々見られた。2014年と2018年の大阪桐蔭は、二桁の犠打数を記録するが、ほかの学校よりも少ない11。この犠打の少なさは、前述のような戦術を用いていたためだろう。

2010～2022年
夏の甲子園優勝校　失策数・犠打数

年	学校	失策	犠打
2010年	興南	4	20
2011年	日大三	2	21
2012年	大阪桐蔭	6	8
2013年	前橋育英	7	14
2014年	大阪桐蔭	5	11
2015年	東海大相模	5	13
2016年	作新学院	2	3
2017年	花咲徳栄	6	17
2018年	大阪桐蔭	4	11
2019年	履正社	1	14
2021年	智弁和歌山	2	18
2022年	仙台育英	3	14

「週刊ベースボール増刊」各年の全国高校野球選手権大会総決算号のデータをもとに作成

作新学院は小針氏の方針で、送りバントが少ない「超攻撃型野球」を掲げている。第一章でも指摘した通り、次の塁にランナーを進める戦術である送りバントは、高校野球で多用される。しかし小針氏は、送りバントは試みる選手にプレッシャーを与えてしまうために、一般に言われるほど有効ではないという理由でバントをさせない。小針氏は「成功して当たり前、決まって当然だと思われる送りバントは、高校生のメンタルからするとどうなのか、と考えたんです。たとえば1点を追いかけている状況で送りバントのサインを出して、ミスが起こる。もちろん、バントもきっちり、こなせる選手になってほしいけれど、『できて当然』という考えはプレッシャーを誘発し、普段の動きをできなくなる原因にもなります」[*14]とコメントを残している。このような方針は、2007年の常葉菊川が先駆けとなったが、選手に任せながら勝利している高校も増えていることがわかる。

今後の夏の甲子園を制するには、正確性があるバントとディフェンス力はもちろんのこと、高い打撃力から投手力、記録には表れない相手のミスにつけ込む走塁や、意表をつく奇策なども必要だ。例えば、プロ級の投手に対し、チャンスの場面では転がして泥臭く得点することも必要になっていく。高校野球の難しさは世代交代が早いことだが、リクルーティングから育成まで洗練されると、現在の大阪桐蔭や仙台育英のように長期間、甲子園の上位に勝ち進むことができる高校が増えるだろう。

第四章　「真の勝利至上主義」がもたらすもの

「真の勝利至上主義」とはなにか？

第一章から第三章まで、現代の高校野球のトレンド、２０００年代の戦略変化、２０１０年代の戦略の洗練について見てきた。それらのことからもいまの高校野球が、しごきや強い規律によってチームを鍛え、一人のエースが投げ抜いて勝つといったような、かつて批判されてきたスタイルから大きく変わりつつあることが見て取れるだろう。

データに基づいて選手の個性を把握しつつ、長所を伸ばすのみならず弱点のないよう鍛え上げ、きめ細かなプレーのできる選手へと洗練させていき、なおかつ考える力も身につけさせる。そうした総合力が求められるのが、現代の高校野球における常勝校である。

この章では、そうした現代の高校野球の理想的なチーム像や、現代の勝利至上主義が野球界にもたらしたもの、そして、今後起きうる高校野球の変化について分析していく。

高校野球で「勝って当たり前」のプレッシャーを撥ね除ける大阪桐蔭の凄さ

現代の高校野球において、実力とともに「勝者のメンタリティ」を兼ね備えているのが大阪桐蔭だ。ひとりの選手が長くチームにい続けるプロ野球とは違い、世代ごとに選手の能力も個性も違う高校野球において、10年以上結果を残し続けることは、かなり稀有《けう》なことである。どの世代も「勝って当たり前」と見られるなかで、プレッシャーに負けずに結果を出せるチームを作り上げる西谷氏の手腕も光る。

西谷氏の凄さの一つは、選手のモチベーション管理を含めたマネジメント能力だ。戦力的に充実している年が多いため、「優勝して当たり前」と見られがちだが、多くの世代の野球ファンの誰もが知るタレント軍団をまとめ、優勝に導くために個々の能力を活かしきっている。また、派手さがある年とない年があるなかでの、監督やチームとしての「勝ちパターン」も豊富だ。さまざまなチームカラーで勝っているからこそ、複数回の優勝を達成できている。

豊富な勝ちパターンを支える要因は、一貫した戦略や選手の運用力だ。優勝した年には高確率で「掘り出し物」の選手や「ラッキーボーイ」がいる。チーム内で比較的目立つ主役と脇役の運用のバランス感覚が絶妙で、ほかの監督には行き着けない領域に達している。さらに、「大阪桐蔭」というネームバリュー、ブランド力の効果が、初戦の序盤であったり、試合終盤に相手にプレッシャーをかけ、萎縮させてミスを誘うこともある。

試合運びの上手さも西谷氏の強みの一つ。これは、2014年のチームが象徴的だ。この年の大阪桐蔭は、これまで優勝した年とは違い「圧倒的な強さ」はなく、新チーム発足直後の大阪秋季大会ではライバルの履正社に13対1のコールド負けという屈辱を喫している。ただ、秋季大会終了後に選手を成長させ、勝ち方のバリエーションを増やしていくことで「試合巧者」のチームとして洗練させていった。

その結果が出たのが、夏の甲子園の準々決勝、準決勝、決勝である。準々決勝では「機動破壊」でお馴染《なじ》みの健大高崎の機動力を徹底的に無視した。この試合では4盗塁を許す代わりに、投手は打者との対戦に集中したのである。完投した福島孝輔は、「足は無視。アウトを取ることに専念した」[*1]とコメント。それによって、無駄なクイックが減り、球威や球速が落ちることなく、健大高崎を2点に抑えた。

準決勝の敦賀気比戦は、壮絶な打ち合いになった。先発の福島は1回表に5点を失ったが、その裏から打撃陣が敦賀気比の2年生エース平沼翔太《しょうた》(現・埼玉西武ライオンズ)から得点を積み重ねて2回に追いつく。その後、3回表には1点リードされるも、4回裏に逆転に成功。結果的に15対9で大阪桐蔭が勝利した。4戦で合計62安打を記録していた敦賀気比に対して、打撃戦で真正面からぶつかった結果、勝利をもぎ取った。

決勝の三重との試合は、全体を通して三重のペースで進んでいた。2回に2点を先制された大阪桐蔭は3回裏に追いつくが、5回に勝ち越される。ターニングポイントは7回だった。三重は一死3塁のチャンスでスクイズ失敗に終わり、追加点を取れずに終わる。その裏の大阪桐蔭は、二つの四死球とヒットで一死満塁のチャンスを作り、キャプテンの中村誠がしぶとくセンター前に勝ち越しタイムリーを放った。9回表も福島が一死1、2塁のピンチを背負ったが、抑えて夏制覇を果たした。「今年は圧倒する力はないですけれど、子どもたちは夏に日本一になるためにどこの学校よりも練習してきたつもり」[*2]と西谷氏がコメントしたように、「粘りに粘る野球」が、最高の形で完結した。

この年の夏の戦い方は、選手の成長はもちろん、西谷氏のマネジメント力、育成力の集大成だったとも言える。夏の大阪府大会を見ると、2010年代の10年間のうち8年は大阪府の公式戦（夏大会）で準々決勝より上に勝ち上がっている。2020年代も22年まですべて準々決勝より上に勝ち上がっている（2020年準決勝、2021・2022年優勝）。とくに2015年以降は、履正社というライバルが存在しながらも、5年間で春夏合わせて甲子園に出られなかった年は2019年のみ（この年の夏の甲子園優勝校は履正社）。大阪桐蔭は、どの世代でも夏の甲子園に向けてチームを洗練させてくるのである。

唯一、このチームならではの難点があるとすれば、対戦相手に応援が集中してしまうことだろう。大阪桐蔭は「常勝チーム」であるがゆえに、相手チームが少しでもいいムードになれば「あの大阪桐蔭に勝てるチームが現れるかもしれない」という期待感から、相手への応援が増し、一気にアウェイのムードになるときがある。2022年夏の甲子園での下関国際戦や、2023年センバツの報徳学園戦は、まさにそうしたムードのなかで選手たちに強烈なプレッシャーがかかっているように見えた。

大阪桐蔭が今後さらに強くなるカギがあるとすれば、ピンチのときにアウェイの雰囲気を押しきることができるかどうかにかかっているだろう。

高校野球で勝つための最適解を持った高校vs.プロ入り後怪物を生み出す高校

甲子園で勝ち続けるチームを作るためには、個の選手の能力に左右されず、トーナメント戦を勝ち抜くための、高校野球ならではの最適解が必要となる。2000年代であれば、高嶋監督が率いていた智弁和歌山は、最適解を持ち甲子園を戦っていた。10年以上高校野球のトップを走り続けている大阪桐蔭は、2013年以降（つまり強打の正捕手、森友哉が3年生だった代以降）、甲子園で勝つための最適解を持ちはじめたと言えるだろう。

裏を返せば、2012年までの大阪桐蔭は、チームとしては粗削りではあったものの、個々の選手のタレント性が強かったとも言える。その時代にプレーした中村剛也《たけや》（現・埼玉西武ライオンズ）や西岡剛《つよし》（元・阪神タイガースなど）、平田良介、中田翔、浅村栄斗、藤浪晋太郎、森友哉といった卒業生は、プロ野球でもタイトルを獲得し、チームの主力として活躍した。とくに2012年はチームとしても勝てて、個としても強い理想的なチームだった。

特徴的なのは、いま名前を挙げた選手たちが、プレッシャーのかかる短期決戦で高いパフォーマンスを発揮していることだ。とくに、これまでの国際大会や日米野球を通して見てみると、高校野球で結果を残した大阪桐蔭出身の選手は、優れた成績を残している。

なかでも優れた結果を残しているのは、西岡剛である。2006年WBCでは主に2番に座り、世界一に貢献。チームトップの5盗塁を記録するなど、大会を通していい意味で思いきりのよさが出た。北京《ペキン》五輪では故障を押しての出場だったが、こちらもハイレベルな打撃成績を残した。平田は、2017年WBCでは出番が少なかったものの、2015年プレミア12では

主な大阪桐蔭出身選手の国際大会の成績

中村剛也

年	国際大会	打率	本塁打	打点	OPS
2015年	プレミア12	.150	0	0	.377

岩田稔

年	国際大会	投球回数	奪三振	防御率
2009年	WBC	1	1	0.00

西岡剛

年	国際大会	打率	本塁打	打点	OPS
2006年	WBC	.355	2	8	1.060
2008年	北京五輪	.455	1	4	1.192

平田良介

年	国際大会	打率	本塁打	打点	OPS
2015年	プレミア12	.423	0	6	1.115
2017年	WBC	.000	0	0	.250

中田翔

年	国際大会	打率	本塁打	打点	OPS
2015年	プレミア12	.429	3	15	1.349
2017年	WBC	.238	3	8	1.074

浅村栄斗

年	国際大会	打率	本塁打	打点	OPS
2019年	プレミア12	.360	0	6	.928
2021年	東京五輪	.294	0	1	.841

藤浪晋太郎

年	国際大会	投球回数	奪三振	防御率
2017年	WBC	2	4	0.00

森友哉

年	国際大会	打率	本塁打	打点	OPS
2018年	日米野球	.385	0	1	.770

「日本野球道」ウェブサイトなどのデータをもとに作成

辞退した柳田悠岐《ゆうき》（現・福岡ソフトバンクホークス）や清田育宏《いくひろ》（元・千葉ロッテマリーンズ）の穴を埋める活躍を見せた。中田翔も２０１５年プレミア12では文句なしの活躍を見せ、２０１７年ＷＢＣでも、いい場面で打点をたたき出して日本のベスト４進出に成績以上の貢献をした。浅村も、２０１９年プレミア12と２０２１年東京五輪で、世界一に大きく貢献したのは間違いない。とくにプレミア12では、主に５番打者としてチャンスの際に状況に応じた打撃を見せ、大会ＭＶＰの鈴木誠也《せいや》（現・シカゴ・カブス）に次ぐ６打点を記録してチームを優勝に導いた。森は、２０１８年日米野球では負担が大きい捕手ながらも高打率を記録、Ｕ－18では２０１２年、２０１３年の大会に出場し、２大会連続でベストナインを獲得する活躍を見せた。また、オールスターでも２年連続のＭＶＰ（２０１８年、２０１９年）を獲得する資質を見ると、大一番に非常に強いと推測できる。

このように、プロ入り後にシーズンから国際大会を通して活躍していた選手は多かったのだが、森以降はプロで活躍している選手はいないに等しい。夏に優勝を果たした２０１４年の世代は、香月一也（現・読売ジャイアンツ）、正隨優弥《しょうずいゆうや》（現・東北楽天ゴールデンイーグルス）、福田光輝《こうき》（現・北海道日本ハムファイターズ）がプロ入りしたが、現状はレギュラーにまではいたっていない。また、最強世代と言われた２０１８年の二刀流・根尾昂や藤原恭大、柿木蓮、横川凱らは2022年終了時点でシーズンを通してまだ結果を残していない。

この状況は、チームとしての勝ちを優先するか、選手の将来を優先するかで、チームビルディングや育成方針が変わることによるものであろう。実際、平田や辻内崇伸（元・読売ジャイアンツ）、中田などプロ入りした選手が複数人いた2005年の大阪桐蔭はタレント性はあったが、優勝は逃している。またそれ以前では中村や岩田稔（元・阪神タイガース）がいた2001年も結果を残すことができず、西谷氏は「あの時の夏の大会を勝たせてやれなかったのが、今までの中で一番の後悔として残っています。みんな一番練習したくらいの学年で大阪大会の決勝戦では0－5から最終回に追いついて、延長にもつれ込んだ試合でした。それなのに最後は競り負けた。監督として、なんと力がないのか。これだけ子供たちが頑張っているのに、導いてやれない監督の力不足を痛感しました」[*3]というコメントを残している。

こうした実力のある選手たちを優勝させることができなかった監督の後悔が、大阪桐蔭の隙のないチームビルディングや戦略の礎になっていることはたしかであろう。そうした積み重ねが、2013年以降の結果や選手育成、戦略の洗練につながったのだろうが、その影響か、野手も投手も似たような選手が増えてきた。具体的には、2021年以降の選手たちの打撃フォームは、足の上げ方や見送り方まで同じようになり、外角に精度の高いボールを投げきれるようなまとまりがある投手が増え、辻内や藤浪のような本格派の選手は減ってきている。

「完成されているなんてことはありません。僕らの目標は甲子園で勝つことであってプロ野球選手を育てることではない。もちろん、プロを目指している子の結果（進路）がプロになればいい。それだけです」[*4]と西谷氏もコメントするように、あくまでも2013年以降の大阪桐蔭は甲子園で優勝することが第一目標であり、プロ野球はその先の進路の一つにすぎない。そのため、高校野球で勝つためのそつのないプレーをする選手が増え、かつての中田や森のようなプレッシャーに強いヤンキーマインドを持った選手は減ってきているのではないか。

逆に、甲子園での実績がない選手が、高校を卒業してからすぐに「怪物級」の活躍を見せる例が増えてきた。

2021年にアメリカンリーグMVP、2023年WBCでもMVPを獲得した大谷翔平は、甲子園に二度出場しているが、いずれも初戦敗退。とくに、3年春のセンバツでは藤浪と森を擁する大阪桐蔭に対し、自らホームランを放ち試合中盤までリードしていたものの、最終的にはチーム力の差で敗れている。高校野球ではトップになれなかったが、プロ入り以降、個人の力を着実に積み重ねて、世界一の野球選手とも言われる成績を残している。大谷のみならず、21歳という若さで2023年WBCの世界一に貢献した佐々木朗希や、NPB史上初となる2

年連続投手5冠の山本由伸（現・オリックス・バファローズ）は甲子園に出場すらしていない。

かつて、世界の誰よりもヒットを積み重ねたイチロー氏は愛工大名電に入る前に「目標は甲子園出場ではありません。僕をプロ野球選手にしてください」と当時監督の中村豪《たけし》氏に伝えたという。そもそも、イチロー氏が愛工大名電を選んだ理由は、中村氏が型にはめない指導方針で、選手たちに「やらされている百発より、やる気の一発」を提唱していたからだという。[*5]

大谷や佐々木、山本のように、甲子園で活躍せずとも、圧倒的な成績を残している選手がさらに増えていくと、「甲子園」ではなく「プロ」で活躍するための環境を選ぶ選手も増えてくるのではないか。高校野球が高度化するにつれ、プロでの成功と甲子園で成績を残すことは、まったく別物になっていくかもしれない。

21世紀型のチーム――「勝利」と「個の育成」を両立した1987年のPL学園

これまでの高校野球史で一番強いチームはどこか？　という論争はいまだに続いている。そのなかで多く挙げられるのは、桑田真澄（現・読売ジャイアンツファーム総監督）・清原和博（元・オリックス・バファローズなど）の「ＫＫコンビ」がいた１９８３年から１９８５年のＰＬ学園や、松坂大輔を擁して四冠を達成した１９９８年の横浜などのチームだ。たしかに、一発勝負ならＫＫコンビがいたＰＬ学園や松坂がいた横浜が強いだろうが、トーナメントを勝ち抜くにあたって、現代のトータル・ベースボールに近いチームビルディングができていたのは、1987年のＰＬ学園である。

この年のＰＬ学園は連戦を見越したハイレベルな複数枚の投手陣と中距離打者を揃え、春夏連覇を成し遂げた。当初このチームは、1983年から1985年のような爆発的な打力はないと言われていたが、夏の甲子園ではチーム打率3割5分9厘を記録。打撃戦から投手戦までバリエーション豊かな勝ち方をしているところからも、強さを感じられる。この世代の選手のメンバーを見ると、立浪《たつなみ》和義（現・中日ドラゴンズ監督）、野村弘樹（元・横浜ベイスターズ）、片岡篤史《あつし》（現・中日ドラゴンズ二軍監督）、橋本清（元・福岡ダイエーホークスなど）、宮本慎也（元・東京ヤクルトスワローズ）とプロ入りした選手が5人いた。さらに、ほとんどがプロ入り後にタイトルを獲得しており、チーム全体の強さも個々のレベルも目を見張るものがあった。また、この時代は完投主義だったにもかかわらず、エースの野村に橋本、岩崎充宏《みつひろ》の3投手がいた。秋季大会時点では、勝ちきれずにギリギリでセンバツ出場を決めたが、夏の大阪府大会は蓋を開けてみると接戦の試合を勝ち抜いて優勝。甲子園では、盤石な体制と試合運びの上手さで文句なしの優勝を決めた。

PL学園（1987年春）大会戦績と投手起用

1回戦：PL学園 3－1 西日本短大附属：野村－橋本
2回戦：PL学園 8－0 広島商業：野村－岩崎
準々決勝：PL学園 3x－2 帝京：野村－橋本－岩崎
準決勝：PL学園 8－5 東海大甲府：野村－橋本－岩崎
決勝：PL学園 7－1 関東一：野村－橋本

PL学園（1987年夏）大会戦績と投手起用

1回戦：PL学園 7－2 中央：野村－橋本
2回戦：PL学園 7－2 九州学院：野村－岩崎
3回戦：PL学園 4－0 高岡商業：野村
準々決勝：PL学園 4－1 習志野：橋本
準決勝：PL学園 12－5 帝京：野村－橋本
決勝：PL学園 5－2 常総学院：野村－岩崎

この世代は3人のエース級を擁しながら、完投勝ちは春夏11試合で二つしかない。この2年前のPL学園は、大量得点差をつけた試合以外は桑田が完投していることからも、現代の継投で勝ち抜く高校野球の先駆けとも言える投手起用をしていることがわかる。

当時PL学園の監督を務めていた中村順司氏は、それぞれの投手の役割を明確化していた。例えば、この年のPL学園は野村を中心に先発投手を回しているが、その理由は野村がリリーフに向いておらず、なおかつ打撃力があったためスターティングメンバーにほぼ毎回入れておきたかったからだという。

またこの年のPL打線はKKコンビがいた2、3年前と比較すると、爆発的な打撃力は持っていないものの、高い水準を誇っていた。とくに夏の甲子園では、決勝を含め全6試合で初回に先制。しかも帝京の芝草宇宙《ひろし》（元・福岡ソフトバンクホークスなど）や常総学院の島田直也（元・大阪近鉄バファローズなど）といった好投手を攻略している。さらに、4番サードの深瀬猛《たけし》が怪我のため準決勝の途中から退いたが、その代わりに出場したのが当時2年生の宮本だった。中心選手の立浪も、夏の甲子園で打率4割2分9厘（21打数9安打）2本塁打8打点を記録。この打力とプロ入り後すぐにゴールデングラブ賞を獲得した守備力を考えても、高校野球史上最高の遊撃手と言っても過言ではなく、いかにこの年のＰＬ学園の選手層が厚かったかがわかる。

巷《ちまた》の野球ファンには、ＫＫコンビがいたときのＰＬ学園の印象が強いのは間違いない。しかし、戦略や戦術で見てみると、比較的印象の薄い１９８７年のＰＬ学園の強さが際立って見えるだろう。先ほどの２００５年の大阪桐蔭の例のように、タレント性や派手さがあるからといって、甲子園で勝てるとは限らない。実際、ＫＫコンビのころのＰＬ学園は１９８４年の大会で、桑田の怪我があったことや清原が内角攻めで1安打に抑えられたことにより、木内氏が率いた取手《とりで》二に敗戦している。

しかし、１９８７年の世代は、木内氏が率いた常総学院に勝利して優勝した。木内氏は、「9回の1点にＰＬの執念を見た。あの1点がなかったら、もっとおもしろかったでしょうけど。でも、ＰＬに勝つにはこのチームでは無理。横綱相手に前頭上位がよく戦いました」[*6]とコメントを残すほどだった。

エース級が複数人いる投手陣と、ベンチまで安定したレベルが揃っている野手陣。この二つが揃った１９８７年のＰＬ学園は、いまのトータル・ベースボールの時代から見ても理想的なチームと言えるだろう。

近畿地方にはなぜ強豪校が多いのか――都市部の高校野球

ＰＬ学園の時代から大阪桐蔭の時代まで、長年、高校野球を牽引しているのは近畿勢だ。夏の甲子園は、２０２２年夏まで５大会連続でベスト４以上に勝ち進んでいる。直近では、２０１２、２０１４、２０１８、２０１９、２０２１年の５大会で優勝している。また、センバツに関しては、２０２３年まで９大会連続でベスト４以上に勝ち進んだ。その９大会中６大会は複数の学校がベスト４入りしており、さらに２０１４、２０１６、２０１７、２０１８、２０２２年の５大会では優勝している。２０１０年代半ばから現在まで「近畿勢の時代」が続いていると言っていいだろう。とくに、２０２１年の夏の甲子園では、近畿勢がベスト４を独占した。また、２０１７年のセンバツでは大阪勢同士の決勝となり、２０１４年と２０１８年、２０２２年のセンバツでは、近畿勢同士の決勝となった。

大阪を中心とする近畿勢がここまで強い理由について、京都国際の監督である小牧憲継《のりつぐ》氏は「大阪桐蔭の存在が大きい。打倒・大阪桐蔭の意識が近畿勢のレベルアップにつながっている」[*7]と説明する。このコメントの通り、大阪桐蔭と甲子園で戦わなくとも、近畿大会などで対戦することは多い。そのため、近畿勢の高校は大阪桐蔭と渡り合える実力を毎年つけなければならないのだ。

大阪府の学校は近畿勢よりも、大阪桐蔭と対戦する確率が高くなる。そのため、大阪府の高校は、春夏通じて大阪桐蔭に勝てなければ甲子園に出られないという気持ちで練習をしているだろう。また、この強さの本質には、大阪人の気質も挙げられる。どこか格好にこだわり、きれい事（理想）を追う価値観を捨てきれない東京人と異なり、大阪人には「勝ってナンボやろ」というわりきりがある。「勝利至上主義」などと批判する向きもあるが、そんな声はどこ吹く風である。

また、ボーイズリーグ（日本少年野球連盟）がその根底にあるということも見逃してはならない。プロ野球経験者など高いレベルの野球を体験した人物を指導者に据えることで、中学生時代により質の高い野球を学べるようになっている。チーム数も年々増え、ボーイズリーグ出身の選手が甲子園で活躍することで、その裾野はさらに広がっていくことになった。その伝統がいまも引き継がれており、大阪野球の強さの背景となっている。巨人の元スカウト部長で、全国の選手を見てきた山下哲治氏は「甲子園球場のお膝元で、幼い頃から野球選手に憧れる子どもが多い。少年野球チームも多く、選手の質も全国トップレベルだからでは」[*8]と推察する。

大阪を中心とした近畿勢は、気質の部分も、リクルーティングから育成までも優れているこ

センバツ　直近10大会優勝・準優勝・ベスト4

年	優勝	準優勝	ベスト4
2013年	浦和学院（埼玉・関東）	済美（愛媛・四国）	敦賀気比（福井・北信越） 高知（高知・四国）
2014年	龍谷大平安（京都・近畿）	履正社（大阪・近畿）	豊川（愛知・東海） 佐野日大（栃木・関東）
2015年	敦賀気比（福井・北信越）	東海大四（南北海道・北海道）	大阪桐蔭（大阪・近畿） 浦和学院（埼玉・関東）
2016年	智弁学園（奈良・近畿）	高松商業（香川・四国）	龍谷大平安（京都・近畿） 秀岳館（熊本・九州）
2017年	大阪桐蔭（大阪・近畿）	履正社（大阪・近畿）	秀岳館（熊本・九州） 報徳学園（兵庫・近畿）
2018年	大阪桐蔭（大阪・近畿）	智弁和歌山（和歌山・近畿）	三重（三重・東海） 東海大相模（神奈川・関東）
2019年	東邦（愛知・東海）	習志野（千葉・関東）	明石商業（兵庫・近畿） 明豊（大分・九州）
2021年	東海大相模（神奈川・関東）	明豊（大分・九州）	天理（奈良・近畿） 中京大中京（愛知・東海）
2022年	大阪桐蔭（大阪・近畿）	近江（滋賀・近畿）	浦和学院（埼玉・関東） 国学院久我山（西東京・東京）
2023年	山梨学院（山梨・関東）	報徳学園（兵庫・近畿）	広陵（広島・中国） 大阪桐蔭（大阪・近畿）

とがわかる。さらに、近畿勢のほかに東京を含めた都市部の強さも見受けられる。これに関して、阿部慎之助氏（現・読売ジャイアンツヘッド兼バッテリーコーチ）と橋上《はしがみ》秀樹氏（元・東京ヤクルトスワローズなど）の共著『阿部慎之助の野球道』では、独自のドラフト論が印象的だった。阿部氏はドラフトで指名したい選手に関して、「主要都市で野球をしていて勝ち抜いた経験を持った選手」と答えている。阿部氏はさらにこう語っている。

「『今年のドラフトなら〇〇』

臨機応変な起用に応えチームを優勝に導いた。プロ野球のクローザーのように、先発よりも打つことが困難な投手が後から出てくるほうが、相手チームへの脅威になる。そのため、エース級の投手を後ろに持ってこられるチームは、エースを先発させるチームよりも逆転負けが少なくなるというメリットがある。

ただし、このオーソドックスな継投にもデメリットはある。それは、先発の調子次第で片方の投手に負担がかかるということだ。先発投手が大会を通して試合を作れないピッチングが続くと、リリーフでマウンドに上がる投手に多大な負担がかかる。2006年の駒大苫小牧がまさにそうだった。田中将大をリリーフ待機させていた試合は4試合あったが、そのうち3試合で先制を許し、しかも4試合すべてで田中が6イニング以上投げている。後から田中が投げることによってピンチを抑えられ、流れを引き寄せられるが、先発に一定水準以上のゲームメイク力がないと、ほとんど後から投げるエース頼みになる。

下関国際の場合は、先発を任される古賀が初回は苦しむものの、ある程度ゲームメイクができる投手だったため、リリーフの仲井に負担がかからなかった。そのことも下関国際が決勝に進むことができた要因だろう。

短いイニングでつなぐか、エースを後ろに回すか、どちらの戦術が主流になるかは未知数だが、２０２１年夏、２０２２年センバツ、２０２２年夏の３つの大会の優勝校の投手運用を見てみると、ある傾向が見えてくる。

２０２１年夏の甲子園　智弁和歌山

中西聖輝《まさき》	23回２／３	３６０球	防御率０・３８	22奪三振
塩路柊季《しゅうき》	６回	80球	防御率０・００	８奪三振
伊藤大稀《だいき》	３回１／３	49球	防御率５・４０	０奪三振
高橋令	２回	30球	防御率０・００	３奪三振
武元一輝《いっき》	１回	24球	防御率９・００	３奪三振

２０２２年センバツ　大阪桐蔭

川原嗣貴	18回	２２９球	防御率１・５０	19奪三振
前田悠伍	13回	１９８球	防御率０・００	23奪三振
別所孝亮	４回	78球	防御率０・００	３奪三振
南恒誠《こうせい》	１回	17球	防御率０・００	３奪三振

2022年夏の甲子園　仙台育英

古川翼	8回2/3	124球	防御率3・12	8奪三振
斎藤蓉	14回2/3	213球	防御率1・23	12奪三振
髙橋煌稀	12回	188球	防御率0・75	8奪三振
仁田陽翔	4回	81球	防御率0・00	5奪三振
湯田統真	5回2/3	122球	防御率6・35	6奪三振

この3校を見ると、2番手投手に100球近くから200球前後を任せられ、なおかつ3番手も50球前後は投げられることが必要だということがわかる。また、エースの調子が安定しているときに回をまたげる安定感のあるリリーフをベンチに置くことができ、2番手の投手でも1試合任せられることができるかということが重要だ。この3チームはそのような理想的なマネジメントを比較的高いレベルで実現していると言えよう。

このように、球数制限により、さまざまな投手起用の形が顕在化するようになった。ただ、先ほども指摘した通り、選手の負担軽減は成長を妨げる要因にもなりうる。

そうしたなかでヒントになってくるのが、２０１５年の東海大相模や２０１６年の秀岳館、２０１８年・２０２２年の大阪桐蔭である。ある程度長いイニング（短くても5回から6回）を投げられる投手を複数人育てながら先発ローテーションのように起用することで、選手の成長とチームとしての戦略を両立させるチームが増えてくるのではないだろうか。

ちなみに甲子園優勝投手といえば、斎藤佑樹や島袋洋奨のようにプロ入り後に怪我に泣かされるというイメージが先行しており、「甲子園優勝投手は大成しない」という俗説すらある。しかし、投手分業が確立されはじめた21世紀以降の春夏の甲子園優勝投手では、プロ入り後も活躍している割合が増えている。田中将大や東浜巨《なお》（現・福岡ソフトバンクホークス）、藤浪晋太郎はタイトルを獲得し、近藤一樹、髙橋光成《こうな》（現・埼玉西部ライオンズ）、小笠原慎之介は二桁勝利を記録。小島和哉（現・千葉ロッテマリーンズ）や高橋奎二《けいじ》（現・東京ヤクルトスワローズ）、村上頌樹《しょうき》（現・阪神タイガース）、今井達也は先発ローテーションとして定着し、清水達也はリリーフとして欠かせない存在になっている。実際は、甲子園の頂点に導いた馬力や勝利への嗅覚を活かし、チームの主力になっている場合が多いのである。

投手の高速化と低反発バットで予測される「投高打低」

こうした勝つための起用と選手の成長の間で試行錯誤が続いているが、投手の球速の高速化が年々進んでいる。甲子園の最速は２００７年の佐藤由規《よしのり》（元・東北楽天ゴールデンイーグルス）と２０１３年の安樂智大《ともひろ》（現・東北楽天ゴールデンイーグルス）の１５７km／h。彼らの記録はいまだに破られていないが、県大会を見ると大谷翔平が１６０km／h、佐々木朗希が１６３km／hを記録しており、高校球児でも逸材の投手は１６０km／hを投げる時代になっている。

また、中学生もレベルが向上しており、２０１８年に森木大智《だいち》（現・阪神タイガース）が軟式で１５０km／hを記録している。相対的に投手が投

センバツ平均球速（2008 ～ 2023年）

年	平均	最高	140km/h以上回数
2008年	129.7	153	14
2009年	130.0	150	13
2010年	131.2	152	21
2011年	132.8	150	17
2012年	132.7	153	20
2013年	131.0	152	19
2014年	130.8	147	14
2015年	130.0	150	14
2016年	130.4	149	16
2017年	131.5	148	26
2018年	131.8	147	28
2019年	130.6	151	19
2021年	133.8	149	34
2022年	130.4	146	22
2023年	131.8	148	28

aozora（@aozora__nico2）氏のツイート（2023年4月1日）より

夏の甲子園平均球速（2007 ～ 2022年）

年	平均	最高	140km/h以上回数
2007年	132.4	155	32
2008年	132.3	148	43
2009年	134.7	154	45
2010年	133.5	149	30
2011年	134.7	153	45
2012年	134.0	153	33
2013年	133.1	155	39
2014年	133.1	148	40
2015年	132.7	151	40
2016年	134.6	152	45
2017年	133.9	150	52
2018年	135.9	151	61
2019年	134.3	154	44
2021年	134.5	152	48
2022年	134.8	148	57

aozora（@aozora__nico2）氏のツイート（2023年8月22日）より

げるボールが速くなっていることは明確だ。佐藤が最速の記録を残した２００７年夏の甲子園の平均球速は１３２・４km／h。２０２２年夏の甲子園は１５０km／hを超えた投手はいなかったものの、平均球速は１３４・８km／hを記録[*11]。最高球速は変わらないものの、平均球速はここ15年で２km／h以上上がっていることがわかる。さらに、１４０km／h以上を投げる投手の数も、２００７年は32人だったが、２０２２年は57人を記録している[*12]。変化球に関しても、２０００年代と２０１０年以降を比較すると、カットボールやツーシーム、スプリットなどストレートに近い球速のボールを投げる投手が増えた。

そうした変化は、「勝てる投手」の傾向にも影響を及ぼしている。2015年までは速い球とスライダーを外角に投げられれば甲子園である程度の投手成績を残すことができたが、2016年からは作新学院の今井達也のように速い変化球はもちろんのこと、落ちる球もなければ上位のチームを抑えることはできなくなっている。実際のところ、星稜時代の奥川恭伸が夏の甲子園決勝で履正社の井上広大《こうた》（現・阪神タイガース）に打たれたボールは緩いスライダーだった。吉田輝星も変化球自体はカットボールやスプリットを持っていたが、水準以上のチームにはスピンの利いたストレートしか通用するボールがなかったため、結果的にストレートが多くなった。

これは、練習環境の充実、トレーニングの進化や投球フォームの分析などの影響が大きい。さらに、ラプソード、トラックマンなどに代表されるトラッキングデータ（投球や打球の速度だけでなく、投球なら回転数、回転軸、変化量、打球なら打球角度や弾道までを「数字」で可視化できるデータ）の導入も大きな要因となっている。

ただ、高速化が著しくなったことで、デメリットも少なからずある。球速が速いほど、投手の肘への負担が大きくなり、選手寿命が短くなるのではないかと危惧されている。「球数」や「過密日程」などは最近常に高校野球の課題としてあげられているが、投手の球速が上がっていることを考えると、選手寿命を考慮した上で「球速制限」をする指導者も増えてくるのではないだろうか。

また、高校野球は、2024年からは「低反発バット」に完全移行する。この低反発バットによって予想されるのは、いまよりも打力が下がることだ。高校野球の場合は、これまで金属バットの恩恵があった部分が大きい。球速の高速化とあいまって「投高打低」の傾向が強くなると思われる。

低反発バットの導入により、投手の配球や打撃戦術も変わってくるだろう。まず外角のボールを長打にしにくくなるため、投手の外角攻めがさらに増える可能性が高い。高校野球の場合は、外角のストライクゾーンが広めに取られることもあるため、外角に投げることはメリットしかなくなる。

長打が出にくくなることに伴い、現在よりもスモール・ベースボールを掲げるチームが増えると見ている。また、2022年夏に決勝までホームランなしで勝ち進んだ仙台育英のように、打撃型のチームでも短打でつなぐ戦略を取るようになるだろう。逆に言えば、長打力を持ち味とするチームは今後苦戦を強いられることになる（プロ野球で統一球が導入された2011年から2012年がそうだった）。また打順の概念も大きく変わるはずだ。本来3番、4番、5番に座る強打者を、2番、3番、4番に繰り上げて上位打線のつながりを高めたり、打率は低くても長打力のある選手を6番、7番に置いたりするチームが出てきてもおかしくない。

ただ、この低反発バットの導入も選手の成長の妨げになる恐れがある。韓国の高校野球は木製バットを2005年から導入したが、現在韓国球界では若手選手の打力が下降していると言われ、問題になりつつある。日本の高校野球も、スモール・ベースボールに偏りすぎてしまい、2000年代中盤の愛工大名電や2010年代中盤までの健大高崎のように、ベースとなる打撃力がままならないチームが増えていく可能性があるだろう。

試合巧者の馬淵・木内采配は現代でも通用する

ここまで、「21世紀の高校野球における勝ち方」として、高校野球の強豪校のチームビルディングや、守備における戦術の現在地、そして今後起こりうる変化について見てきた。最後に二つ、高校野球ならではの勝ち方を見ていきたいと思う。

その一つが「番狂わせ」である。もちろん前述の通り、「番狂わせ」には必要最低限の実力は必要であり、そのための技術がいる。

そのなかでまず紹介するのは、監督就任2年目、1991年夏に自身初となる甲子園出場を果たし、それから2010年夏まで20大会連続で初戦勝利を記録した名将の馬淵史郎氏だ。2002年夏には、エースの田辺佑介や森岡良介（元・東京ヤクルトスワローズなど）などを擁して甲子園を制した。この年はチーム打率3割6分1厘、チーム防御率2・17、犠打24、失策4と教科書にあるようなチームだった。馬淵氏は2017年には近年の高校野球の動向について、投手は縦変化が大事なこと、近年の野手は身体が大きくても動けていることなどを真っ先に指摘していた。先見の明を持ちながら、戦略的なのがこれだけでもわかる。

馬淵氏はこれまでに松坂大輔、吉見一起《かずき》（元・中日ドラゴンズ）、西村健太朗（元・読売ジャイアンツ）、東浜巨、藤浪晋太郎など、プロ入り後にタイトルを獲得する数々の好投手と対戦してきた。そのなかでも、山岡泰輔は、「高校野球であれは打てんぞ」とコメントするほど高校生離れしたスライダーを武器にしていた。しかし前述のように、馬淵氏は試合前にクセを100%見抜いていた。セットでゆっくり入ったらストレート。スッと入ったら変化球。そのため、スライダーはすべて捨てた。「見逃せ。打ったって打てんのやから打つな」と。「右打者なら、ホームベースを半分にして、真ん中のラインより外側に来た変化球は打たない。すべて外角のボールゾーンに逃げ、ワンバウンドするぐらい落ちるからだ。狙うのは、抜けて内側に入ってきたスライダー。肩口から入る高めのスライダーは長打が狙える」[*13]。こうして、捨てる球と狙い球は決めたものの、あえて打撃練習をさせず、代わりにバント練習を徹底的にやった。

その結果、この瀬戸内との試合で明徳義塾は5犠打を記録。バントのファウルは1球だけ（スクイズは除く）。強化されたバントを活かし、山岡の悪送球を誘って決勝点につなげた。打てない球は打たず、バントするだけでいい。それぐらいわりきらなければ、好投手は攻略できないという馬淵氏の美学を感じる。

常総学院の木内幸男監督も、前述の通り、鋭い洞察力で本塁打が0ながら2003年夏の甲子園を制しているが、2001年のセンバツも番狂わせに近い形で優勝を果たしている。

木内氏はこの代を「今まで連れてきた中で、一番上がり症のチームかな」[*14]と評していたが、初戦の南部戦では3回を終了して7点のビハインドとなった。ここで木内氏は「負けてもいいから、1点でも多く取っていこう」[*15]と檄を飛ばし、開き直った選手たちは緊張からの固さがなくなり、7点差を大逆転し、勝利した。

準々決勝ではエースの村上尚史が足に打球を受け、サイドハンドの平澤雅之を起用。その平澤が6回を7奪三振・無失点に抑える好投で、エースのアクシデントがあった試合を乗りきった。この大抜擢がなければ、この試合は落としていたかもしれない。

また、準決勝の関西創価戦で、大会ナンバー1投手との呼び声が高かった野間口貴彦（元・

読売ジャイアンツ）と対戦。投手戦となったこの試合は、延長10回裏に無死1塁の場面で、横川史学《ふみのり》（元・読売ジャイアンツなど）に対し、セオリー通りのバントではなくヒッティングを指示した。無死1塁なら、バントの可能性を含めバッテリーは甘く見てくるだろうということでヒッティングさせたのだ。野間口は前日に延長11回で157球投げていた。その疲れも見越していただろう。その結果、右中間へのスリーベースでサヨナラ勝ちを決めた。さらに決勝の仙台育英戦では、序盤から相手の守備の不安をえぐるようにバント攻撃をする。その結果、バントがツーベースになるなど、選手のメンタルの管理から、起用法、そして攻撃の戦術まですべてがうまくはまった。

優勝インタビューで木内氏は、「勝ちにこだわりたかった。許してください」とコメント。2001年のメンバーだった上田裕介が、「高校野球はよく教育の一環だとも言われますが、木内監督はそういうものを通り越して、根本的に『勝ったら楽しいでしょう』っていう感覚なのかもしれません」とコメントを残すように[*16]、勝ちこそが最高の喜びにつながることを教育していたのがわかる。

木内氏の野球は時代の変化にも対応している。時代に対応して「いまはどのような状況なのか」を常に考え、臨機応変に動いたからこそ、各強豪校と渡り合えたのだろう。対戦相手の分析に関しては、これくらいの点数で抑えられるというものが、すべて計算通りだったと当時常総学院でプレーした捕手の大崎大二朗がコメントしている。[*17] また、事前に分析した結果と、マスクを被《かぶ》っているときの打者への感覚が、ほとんどずれなかったという。味方から相手に対してまで深い洞察があったからこそだろう。

馬淵氏と木内氏には共通点がある。それは、最終的には選手に任せるということだ。木内氏は第一章でも述べたように、自分で考える野球を選手に求めている。馬淵氏は2002年の優勝時のコメントで、過去の甲子園での敗退を通じて、自分の指導力に疑問を感じた時期もあったことを覗《のぞ》かせたが、そこからたどり着いた答えは選手に任せることだったという。[*18]

このように見ると、馬淵・木内采配は現代の高校野球においても通用する巧みな戦略性を持っていることがわかる。馬淵監督は2020年よりU－18日本代表監督に就任。勝つためのメンタリティと美学は、2020年代以降も受け継がれていくだろう。

「甲子園」という舞台をいかに味方につけるか――佐賀北、吉田輝星、奥川恭伸

最後に扱う高校野球ならではの戦略、それは「甲子園を味方につける」ことだ。

甲子園での高校野球は100年以上にわたり日本に根付いている行事である。とくに夏の甲

子園は「夏の風物詩」である。夏は球場に連日何万人もの観客が詰めかけ、メディアにも大々的に取り上げられるため、そこで活躍した選手は全国的なスターになる。それと同時に、プレーする高校球児にとっては経験したことがないプレッシャーが伸し掛かる。いわば「球場の雰囲気」に飲まれてしまうのだ。だからこそ、本来ではしないような凡ミスをしてしまったり、力がある選手が突然活躍できなくなったりする、ということが往々にして起こる。その一方で、甲子園全体を味方につけて、一気に上位に勝ち上がる力を手に入れるチームもある。

具体的な例を3つ挙げたい。まずは、「がばい旋風」が話題となった2007年の優勝校である佐賀北だ。チーム打率は、金属バット導入後の優勝校で歴代ワーストを記録。プロ入りした選手は0人でありながら、この夏の甲子園では馬場と久保の左右両投手とディフェンス力、甲子園を味方につける力を活かして、優勝候補だった帝京や広陵などに勝利して優勝を果たした。当時佐賀北の監督を務めた百﨑《ももざき》敏克氏は、数々の強豪校に勝利するためには、「思わず知らず応援されるようなチームにする」*19ことを掲げていた。この年の佐賀北の戦績を振り返る。

佐賀北（2007年夏）大会戦績

1回戦 ：佐賀北 2−0 福井商業

2回戦　：佐賀北　4－4　宇治山田商業
2回戦　：佐賀北　9－1　宇治山田商業（再試合）
3回戦　：佐賀北　5－2　前橋商業
準々決勝：佐賀北　4－3　帝京
準決勝　：佐賀北　3－0　長崎日大
決勝　　：佐賀北　5－4　広陵

この勝ち上がりを見ると、すべての試合が接戦なのがわかる。ただ、宇治山田商業との引き分けと再試合で一気に話題になり、そこから「がばい旋風」が巻き起こった。とくに、準々決勝の帝京戦や決勝の広陵戦を振り返って、選手たちは「雰囲気が完全にホームだった」と回想しているが、まさに球場全体が佐賀北を応援し、強豪校相手にプレッシャーをかけた。おそらく、甲子園以外の舞台では通用しない戦術だが、力勝負で勝つとしたら、目に見えないなにかの力をもらうしかないと感じたのだろう。この年の佐賀北が、チーム全体で「一生懸命さ」を意識していたことも、多くの観客から応援されるチームになった要因だろう。また、自分たちの野球を把握し、身の丈に合う野球を意識した。具体的には、打てない打者は2ストライクまで待ち、スペシャリストは自分の持ち場に集中した。

投手陣に関しては、外角攻めを徹底した。捕手の市丸大介が「甲子園はアウトコース（のストライクゾーン）が広いので、そこにきっちり投げていればわかっていてもそう簡単には打たれないと思います[*20]」とコメントしていたが、投手陣はそれに応えた。その結果、優勝候補だった帝京打線が喫した三振8つのうち7つが外角のボールだった。このような戦術で、数々の強豪校を破り、夏の甲子園を制した。

次に、2018年の準優勝校の金足農業だ。この高校はエースの吉田輝星を中心にした属人的な戦略を立てていた。この年の大会全試合のスコアを見てみよう。

金足農業（2018年夏）大会戦績

1回戦　：金足農業　5－1　鹿児島実業
2回戦　：金足農業　6－3　大垣日大
3回戦　：金足農業　5－4　横浜
準々決勝：金足農業　3－2　近江
準決勝　：金足農業　2－1　日大三

決勝　‥金足農業　2－13　大阪桐蔭

吉田は決勝以外を一人で投げきり、総投球数は881球にものぼった。スコアを見て意外に思うのは、完封勝利がないことだ。ふつう一人のエースピッチャーを中心にしたチームは、完封勝利によって上位に上っていく印象がある（松坂大輔が投げ抜き一世を風靡した90年代末の横浜や、藤浪晋太郎を擁した大阪桐蔭を思い浮かべてみればいいだろう）。しかし、金足農業は点を与えながらも僅差の試合を制するという勝ち上がり方だった。

金足農業が注目されたのは、2回戦の大垣日大戦。吉田が13奪三振を記録して、一気にチームが勢いに乗り、メディアも注目しはじめた。その際、エースの吉田の快投だけでなくチーム自体のバックグラウンドが取り上げられたのである。金足農業が公立校かつ農業高校であること、ベンチメンバー全員が秋田県出身であること、吉田を含めてスタメンを一切交代しなかったこと……これらすべてが、近年の高校野球の強豪校（県外から選手を集めて選手層を厚くし、ベンチワークを駆使して勝ち上がる私立高校）とは真逆であった。そんなチームが大垣日大や横浜、近江、日大三といった名門に立ち向かっていく。金足農業は「雑草魂」のチームとして、甲子園を訪れる観客のみならず、日本中を味方にしていった。この「金農旋風」とも呼ばれる状況は、強豪校にとって大きなプレッシャーになったことが推察される。とくに横浜戦と近江戦は、金足農業が終盤に逆転したことで勝利したのだが、再逆転する力を持っているこの2校が追い上げられなかったのは、甲子園のムードが金足農業に味方していたからではないだろうか。

さらにそのような甲子園のムードは、審判をも飲み込む。「甲子園を味方につけた」投手がツーストライクから投じる外角のストレートは、ボール1個分外れていてもストライク判定になりやすくなるように感じる。

その典型例が、2019年の星稜高校のエース・奥川恭伸である。この年の星稜は、金足と同じくエースの奥川を中心としたチームで勝ち上がった。ただ星稜の場合は何度も甲子園に出場している名門校であり、奥川も大会ナンバー1投手の呼び声が高かったため、初戦から注目が集まっていた。

星稜（2019年夏）大会戦績

1回戦　：星稜　1－0　旭川大
2回戦　：星稜　6－3　立命館宇治
3回戦　：星稜　4－1　智弁和歌山

準々決勝：星稜 17－1 仙台育英
準決勝 ：星稜 9－0 中京学院大中京
決勝 ：星稜 3－5 履正社

星稜のターニングポイントとなったのは、3回戦。対戦相手は優勝候補の智弁和歌山だった。この試合は延長12回まで1対1のスコアで試合が進行し、タイブレーク（13回以降はノーアウト1、2塁から各チームの攻撃を開始するルール）にもつれるほどの白熱した試合になった。奥川は13回、14回とヒットを1本も許さず無失点に抑え、結果14回裏に6番打者の福本陽生《はるお》がサヨナラホームランを放ち熱戦を制した。星稜はこの試合までは奥川のワンマンチームだったが、この試合に勝利してからは息を吹き返すように打線がバットを振れるようになった。

加えて、この試合で14回を投げ抜いたことで奥川の全国的な知名度は上がった。メディアの後押しもあり、準々決勝からは球場の雰囲気が星稜のホームのように変わった。

奥川恭伸　投手成績（準決勝まで）
投球回32回1／3　防御率0・00　被安打10　奪三振45　四死球5　奪三振率12・5

２０１９年甲子園球数ランキングとイニング平均の球数

５９４球　清水大成（履正社）16・６５
５１２球　奥川恭伸（星稜）12・３９
３５５球　荒井大地（高岡商業）15・２１
３５２球　林勇成（作新学院）14・２７
３３７球　不後祐将《ふごゆうま》（中京学院大中京）17・４３

決勝前時点で防御率０・００という成績からも、奥川はこの年の甲子園の主役だった。

余談だが、奥川はイニング平均の球数が12・３９と優勝校である履正社の清水大成よりも少ない。ふつう、奪三振率が高いピッチャーは球数が多くなる傾向があるため、この数字は驚異的だ。しかも、彼の場合３回戦でタイブレークを経験している。疲労がたまっているピッチャーはコントロールがばらつき、球数が増えていくため、この数字からも奥川のピッチャーとしての優秀さがよくわかる。

高校野球における「勝ち」と「価値」

この章では主に現代の高校野球における「勝ち方」を見てきた。旧来のような「しごき」や「酷使」はなくなりつつある半面、トータル・ベースボール型のチームビルディングが選手たちのプロで活躍するための可能性を奪っていることや、ショートイニング中心の投手起用に起こりうる弊害があることを述べた。

そうした事実からも、いまだに勝利至上主義のチームに対してはマイナスなイメージがつきまとう。ただ、木内氏について上田裕介が語ったように、「勝つ」ことは「楽しい」ことでもある。ハラスメントは言語道断であり、選手のことを一番に考えるべきであるのは前提として、成功体験を得るために戦略・戦術をチームで練り上げることは、野球をプレーする選手たちにとって、マイナスの体験ではないはずだ。

そして、これまで見てきたように、球数制限や低反発バットの導入など、新しい制度の導入は、より複雑な戦術・戦略を必要としていくだろう。だからこそ、派手なプレーや美談のみならず、泥臭く勝ちにこだわる選手たちに注目していくのが、これからの高校野球を観《み》る上での醍醐味になるだろう。

おわりに

本書を執筆することになったきっかけは、編集者の方がデビュー作である『巨人軍解体新書』（光文社新書、2021年）や、2022年に出版した『アンチデータベースボール』（カンゼン）の読者だったことだ。その後、正式に本書の出版が決まり、編集やアドバイス等を含めて、尽力をいただいた各媒体の方々には頭が上がらない。

本書は2022年に集英社新書プラスで連載した「データで読む高校野球2022」の内容をもとにしているが、大部分が書き下ろしとなっている。依頼を受けたときは、本業の仕事もあり書き上げられるか不安だった。ただ、書き終えてみるとやはり達成感があり、今後もさまざまな媒体で発信を続けたいという気持ちが強まった。

本書を完成させるにあたり、お世話になった多くの方々に感謝を申し上げたい。

高校野球の魅力は、長い期間感動を与え、大会期間中に大きく成長する選手がいることや、時代ごとに頂点を極める高校が変わることであり、プロスポーツとは別の面白さがある。

いまではアマチュアスポーツで人気ナンバー1と言ってもいい高校野球。新型コロナウイルスの影響で大会の中止などもあったが、さらに熱い戦いに期待していきたい。

2023年6月

ゴジキ（@godziki_55）

年		学校	チーム打率	チーム防御率
2011年	夏	日大三	**.393**	2.83
2012年	春	大阪桐蔭	.303	1.60
	夏	大阪桐蔭	.295	**0.80**
2013年	春	浦和学院	.351	**0.60**
	夏	前橋育英	.274	**0.65**
2014年	春	龍谷大平安	.346	1.17
	夏	大阪桐蔭	.294	3.50
2015年	春	敦賀気比	.265	**0.40**
	夏	東海大相模	**.370**	2.60
2016年	春	智弁学園	.306	**0.38**
	夏	作新学院	.289	**1.00**
2017年	春	大阪桐蔭	.313	2.40
	夏	花咲徳栄	.351	1.93
2018年	春	大阪桐蔭	.350	1.31
	夏	大阪桐蔭	.328	1.83
2019年	春	東邦	.299	1.20
	夏	履正社	.353	3.33
2021年	春	東海大相模	.272	**0.57**
	夏	智弁和歌山	.363	**1.00**
2022年	春	大阪桐蔭	**.386**	**0.75**
	夏	仙台育英	**.397**	2.00

「週刊ベースボール別冊・増刊」各年の総決算号のデータをもとに作成

2000～2022年　歴代優勝校　データ

（太字は打率.370以上、防御率1.00以下）

年		学校	チーム打率	チーム防御率
2000年	春	東海大相模	.333	2.54
	夏	智弁和歌山	**.413**	3.21
2001年	春	常総学院	.319	3.91
	夏	日大三	**.427**	3.17
2002年	春	報徳学園	.331	1.40
	夏	明徳義塾	.361	2.17
2003年	春	広陵	.366	**1.00**
	夏	常総学院	.299	1.33
2004年	春	済美	.244	2.60
	夏	駒大苫小牧	**.448**	5.60
2005年	春	愛工大名電	.313	1.20
	夏	駒大苫小牧	.342	1.96
2006年	春	横浜	.320	2.00
	夏	早稲田実業	.317	1.17
2007年	春	常葉菊川	.243	1.80
	夏	佐賀北	.231	1.23
2008年	春	沖縄尚学	.283	**1.00**
	夏	大阪桐蔭	**.419**	2.29
2009年	春	清峰	.287	**0.20**
	夏	中京大中京	**.388**	3.17
2010年	春	興南	.332	1.13
	夏	興南	**.399**	1.83
2011年	春	東海大相模	**.400**	1.80

球速	年	投手	学校
151km/h	2006年	大嶺祐太	八重山商工
	2015年	小笠原慎之介	東海大相模
	2018年	柿木蓮	大阪桐蔭
	2019年	中森俊介	明石商業
	2020年（参考記録）	小林樹斗	智弁和歌山
150km/h	1985年	中山裕章	高知商業
	2005年	田中将大	駒大苫小牧
	2007年	岩崎翔	市船橋
	2009年	秋山拓巳	西条
	2011年	大谷翔平	花巻東
	2012年	大谷翔平	花巻東
	2015年	高橋純平	県岐阜商業
	2017年	清水達也	花咲徳栄
	2018年	井上広輝	日大三
	2018年	吉田輝星	金足農業
	2019年	河野佳	広陵
	2019年	池田陽佑	智弁和歌山

「ラブすぽ」ウェブサイトなどのデータをもとに作成

甲子園球速ランキング

球速	年	投手	学校
155km/h	2007年	佐藤由規	仙台育英
	2013年	安樂智大	済美
154km/h	2001年	寺原隼人	日南学園
	2009年	菊池雄星	花巻東
	2009年	今宮健太	明豊
	2019年	奥川恭伸	星稜
153km/h	2008年	平生拓也	宇治山田商業
	2011年	北方悠誠	唐津商業
	2011年	釜田佳直	金沢
	2012年	藤浪晋太郎	大阪桐蔭
	2020年（参考記録）	髙橋宏斗	中京大中京
152km/h	2005年	辻内崇伸	大阪桐蔭
	2010年	西浦健太	天理
	2016年	高田萌生	創志学園
	2016年	今井達也	作新学院
	2021年	風間球打	ノースアジア大明桜
151km/h	1998年	松坂大輔	横浜
	1998年	新垣渚	沖縄水産
	2005年	山口俊	柳ヶ浦

夏の甲子園球数ランキング

順位	投手	年	学校	球数
1位	斎藤佑樹	2006年	早稲田実業	948
2位	吉田輝星	2018年	金足農業	881
3位	川口知哉	1997年	平安	820
4位	今井重太郎	2014年	三重	814
5位	島袋洋奨	2010年	興南	783
6位	松坂大輔	1998年	横浜	782
7位	大野倫	1991年	沖縄水産	773
8位	吉永健太朗	2011年	日大三	766
9位	福岡真一郎	1994年	樟南	742
10位	古岡基紀	1998年	京都成章	713

「SPAIA」ウェブサイトなどのデータをもとに作成

＊12「週刊ベースボール別冊新緑号　第90回記念選抜高校野球大会総決算号」ベースボール・マガジン社、２０１８年、６ページ

＊13「中日・高橋宏斗は『直球は〝平成の怪物〟松坂大輔以上』強い地肩で重い球『1年目の後半には投げられる』」、「中日スポーツ」２０２１年1月31日　https://www.chunichi.co.jp/article/179761

＊14 栗田シメイ「甲子園連覇狙う作新学院『考える野球』の真髄　なぜ、『送りバント』があれほど少ないのか」東洋経済オンライン、２０１７年3月19日　https://toyokeizai.net/articles/-/162824?page=4

第四章

＊1「週刊ベースボール増刊　第96回全国高校野球選手権大会総決算号」ベースボール・マガジン社、２０１４年、１２９ページ

＊2 同前、５ページ

＊3 氏原英明「〝大阪桐蔭時代〟が幕開けした10年前の夏。強さの背景にある育成と勝利の両立、名将の後悔から生まれた変革」ベースボールチャンネル、２０１８年８月２日　https://www.baseballchannel.jp/etc/51613/4/

＊4 柳川悠二「大阪桐蔭に異変『なぜドラフトで指名されない？』西谷浩一監督が直球質問に答えた」ＮＥＷＳポストセブン、２０２２年11月８日　https://www.news-postseven.com/archives/20221108_1810036.html?DETAIL

＊5　中村豪「『やらされている百発より、やる気の一発』高校時代のイチローらを育てた中村豪氏が語る」Web chichi、２０２１年3月21日　https://www.chichi.co.jp/web/20200727_nakamura_ichiro/
＊6　「週刊ベースボール増刊　第69回全国高校野球総決算号」ベースボール・マガジン社、１９８７年、47ページ
＊7　「高校野球、近畿勢なぜ躍進？　『大阪桐蔭の存在大きい』」、「日本経済新聞」２０２１年９月４日　https://www.nikkei.com/article/DGXZQODH292YW0Z20C21A8000000/
＊8　百瀬翔一郎、佐藤雄一「プロ野球選手最多出身地は大阪ですが、人口比でみると…『西高東低』ぶりが顕著」読売新聞オンライン、２０２２年８月９日　https://www.yomiuri.co.jp/sports/npb/20220808-OYT1T50236/
＊9　同前
＊10　「高校野球ランキング」朝日・日刊スポーツ　https://smart.asahi.com/v/koshien/data/zenkokuranking.php
＊11　aozora氏のツイート（２０２２年8月22日）　https://twitter.com/aozora_nico2/status/156167405877120768?s=20
＊12　同前
＊13　第1章の＊2に同
＊14　「週刊ベースボール別冊陽春号　第73回選抜高校野球大会決算号」ベースボール・マガジン社、２００１年、76ページ

＊15　同前、77ページ
＊16　ベースボール・マガジン社編『追憶の木内マジック 愛すべき老将に捧ぐ――14人の証言』ベースボール・マガジン社、２０２１年
＊17　同前
＊18「週刊ベースボール増刊　第84回全国高校野球選手権大会総決算号」ベースボール・マガジン社、２００２年、９ページ
＊19　田尻賢誉『高校野球　弱者が勝つ方法―強豪校を倒すための戦略・心構え・練習法』廣済堂出版、２０１８年
＊20　同前

参考文献

〈書籍〉

阿部慎之助、橋上秀樹『阿部慎之助の野球道』徳間書店、2020年
大利実『高校野球継投論―継投を制するものが甲子園を制す』竹書房、2019年
お股ニキ（@omatacom）『セイバーメトリクスの落とし穴―マネー・ボールを超える野球論』光文社新書、2019年
週刊ベースボール編集部「週刊ベースボール別冊」選抜高校野球大会各年総決算号、第72～95回、ベースボール・マガジン社、2000～2023年
週刊ベースボール編集部「週刊ベースボール増刊」全国高校野球選手権大会各年総決算号、第67回、第69回、第82～104回、ベースボール・マガジン社、1985年・1987年・2000～2022年
須江航『仙台育英日本一からの招待―幸福度の高いチームづくり』カンゼン、2022年
沢井史『「絶対王者」に挑む大阪の監督たち』竹書房、2022年
『夏の甲子園 全試合記録BOOK 増補改訂［2019］版』ダイアプレス、2019年

〈Web〉

間淳「〝億超え投資〟の最新野球データ分析…甲子園優勝校・アマ強豪だけでなく「小、中学生や保護者も興味を」持つようになった〝2つの利点〟」Number Web、2022年11月1日 https://number.

bunshun.jp/articles/-/854967?page=2
aozora氏のツイート（２０２３年４月１日） https://twitter.com/aozora_nico2/status/1642046570135961601
久保田龍雄「大谷翔平vs.藤浪晋太郎も…あの有名選手たちの〝センバツ名勝負〟を振り返る」BASEBALL KING、２０２１年３月９日 https://baseballking.jp/ns/column/266516
小林信也「【iRONNA発】高校野球、なぜ大阪勢はこんなにも強いのか」、「産経新聞」２０１７年８月６日
菅谷齊「【感涙戦評】絶好機に連続三振　明徳義塾、興南エース島袋を攻略できず」Ｊ－ＣＡＳＴテレビウォッチ、２０１０年８月15日 https://www.j-cast.com/tv/2010/08/15073501.html
浜田哲男「トップは９４８球　夏の甲子園で最も〝球数〟が多かった投手は？」SPAIA、２０１９年８月14日 https://spaia.jp/column/baseball/hsb/8374
広尾晃「イニング平均球数わずか『12・39』。奥川恭伸の賢さは甲子園史に残る。」Number Web、２０１９年８月25日 https://number.bunshun.jp/articles/-/840501?page=3
福嶌弘「今もなお破られぬ甲子園最速記録１５５㎞初計測！佐藤由規【高校野球最速投手列伝】」ラブすぽ、２０２１年８月28日 https://love-spo.com/sports-column/gatturikoshien21_speedking004.html
縦山香織、松本翔子「高校野球特別企画『イチローや工藤を育てた名監督が近所にいた！』」近所のはなし、２０１７年６月21日 https://www.katch.co.jp/community/kinjo/arekore/arekore10
「オリンピック競技大会　バックナンバー」日本野球機構 https://npb.jp/olympic/backnumber.html

「高校野球　甲子園球速ランキング　スピードガン導入以降（甲子園球速）」高校野球百科事典　http://koushien.s100.xrea.com/datusansin/kyusoku.htm
「【高校野球】夏の甲子園での投球数ベスト10と、その後故障をしているのかまとめました」冷凍甲子園、２０２２年６月８日　https://firefreezer.com/1415/
「甲子園歴代投球数ランキングまとめ！９４８球で斎藤佑樹（早実）が最多」今話題のスポーツニュースやアスリート情報をピックアップ！　２０２０年２月２日　https://sportsnewspickup.com/2020/02/02/koshien-tokyusu/
「夏の甲子園、歴代投球数ランキングＢｅｓｔ10！」ミドルエッジ、２０１９年８月８日　https://middle-edge.jp/articles/WTOZx
「２０１５　ＷＢＳＣ　プレミア12　打撃成績」日本野球道　http://japanbaseball.web.fc2.com/record/premier122015bstd.html
「【野球日本代表】２０１５・プレミア12個人成績」my favorite giants　https://www.my-favorite-giants.net/japan/stats/premier12_2015.htm
「WORLD BASEBALL CLASSIC　バックナンバー」日本野球機構　https://npb.jp/wbc/backnumber.html

ＵＲＬの最終閲覧日：２０２３年６月５日

ゴジキ(@godziki_55)

野球著作家。これまでに『巨人軍解体新書』(光文社新書)、『東京五輪2020「侍ジャパン」で振り返る奇跡の大会』『坂本勇人論』(インプレスICE新書)、『アンチデータベースボール』(カンゼン)を出版。「ゴジキの巨人軍解体新書」や「データで読む高校野球 2022」、「ゴジキの新・野球論」を連載。「週刊プレイボーイ」や「スポーツ報知」、「女性セブン」などメディア取材多数。Yahoo! ニュース公式コメンテーターに選出された。

集英社新書一一七三H

戦《せん》略《りゃく》で読《よ》む高《こう》校《こう》野《や》球《きゅう》

二〇二三年七月一九日 第一刷発行

著者……ゴジキ(@godziki_55)

発行者……樋口尚也

発行所……株式会社集英社

東京都千代田区一ツ橋二-五-一〇 郵便番号一〇一-八〇五〇

電話 〇三-三二三〇-六三九一(編集部)
〇三-三二三〇-六〇八〇(読者係)
〇三-三二三〇-六三九三(販売部)書店専用

装幀……原 研哉

印刷所……大日本印刷株式会社 凸版印刷株式会社

製本所……ナショナル製本協同組合

定価はカバーに表示してあります。

ISBN 978-4-08-721273-0 C0275

Printed in Japan

a pilot of wisdom

集英社新書　好評既刊

「イクメン」を疑え！
関口洋平　1161-B
日常語となった「イクメン」。その文化を無批判に受け入れてきた日本社会への強烈なカウンターオピニオン。

太平洋戦争史に学ぶ 日本人の戦い方
藤井非三四　1162-D
日本人特有の戦い方が敗因となった太平洋戦争を通覧し、その特徴を詳細に分析。今でも変わらぬ教訓とは。

アジアを生きる
姜尚中　1163-C
「内なるアジア」と格闘し続けてきた思想家が、自らの学問と実人生を根本から見つめ直した集大成的一冊。

差別の教室
藤原章生　1164-B
世界を渡り歩いてきたノンフィクション作家が、差別問題を乗り越えるために考え続けるヒントを提示する。

ハマのドン 横浜カジノ阻止をめぐる闘いの記録
松原文枝　1165-B
横浜市のカジノ誘致を阻止すべく人生最後の闘いに打って出た九一歳・藤木幸夫。市民との共闘のゆくえは。

サークル有害論 なぜ小集団は毒されるのか
荒木優太　1166-C
平等で開かれているはずの小規模な集いで発生してしまう毒とは？　集団性の解毒法を提示する。

ハリウッド映画の終焉
宇野維正　1167-F
二〇二〇年以降に公開された一六作品を通して、映画産業に起こっている変化を詳らかにする。

スタジオジブリ物語〈ノンフィクション〉
鈴木敏夫　責任編集　1168-N
『風の谷のナウシカ』から最新作までの計二七作品で、スタジオジブリ四〇年の軌跡を余すことなく描く。

体質は3年で変わる
中尾光善　1169-I
エピジェネティクス研究の第一人者が、「体質3年説」の提唱と、健康と病気をコントロールする方法を解説。

なぜ豊岡は世界に注目されるのか
中貝宗治　1170-B
前市長が全国の自治体に応用可能な視点を示しながら人口が減少し産業も衰退しても地方が輝く秘策を綴る。